MARCO POLO

Potsdam

mit Umgebung

Reisen mit Insider Tipps

Diesen Führer schrieb Bernd Wurlitzer. Er lebt als freier Journalist und Autor in Berlin. Mitgewirkt an der Aktualisierung hat Kerstin Sucher.

www.marcopolo.de

Infos zu den beliebtesten Reisezielen im Internet, siehe auch Seite 96

SYMBOLE

Insider Tipp **MARCO POLO INSIDER-TIPPS:**
Von unserem Autor für Sie entdeckt

★ **MARCO POLO HIGHLIGHTS:**
Alles, was Sie in Potsdam kennen sollten

HIER HABEN SIE EINE SCHÖNE AUSSICHT

WO SIE JUNGE LEUTE TREFFEN

PREISKATEGORIEN

Hotels	
€€€	über 100 Euro
€€	70–100 Euro
€	unter 70 Euro

Die Preise gelten für zwei Personen im Doppelzimmer inklusive Frühstück.

Restaurants	
€€€	über 15 Euro
€€	10–15 Euro
€	unter 10 Euro

Die Preise gelten für ein Hauptgericht ohne Vor- und Nachspeise und ohne Getränke.

KARTEN

[102 A1] Seitenzahlen und Koordinaten für den Cityatlas Potsdam, die Karte des Parks Sanssouci und die Umgebungskarte von Potsdam

Einen Liniennetzplan des Stadtverkehrs Potsdam finden Sie im hinteren Umschlag.

Zu Ihrer Orientierung sind auch die Objekte mit Koordinaten versehen, die nicht im Cityatlas eingetragen sind.

GUT ZU WISSEN

Inhalt

Die wichtigsten MARCO POLO Highlights

Sehenswürdigkeiten, Orte und Erlebnisse, die Sie nicht verpassen sollten

1 Musikfestspiele Potsdam Sanssouci
Vielseitiges Programm mit international renommierten Künstlern und Ensembles (Seite 17)

2 Holländisches Viertel
Ein kleines holländisches Idyll mitten im Zentrum von Potsdam (Seite 19)

3 Filmpark Babelsberg
Stuntshow, Actionkino, Ausstellungen und weitere Erlebnisse auf dem Gelände der einst größten Traumfabrik Europas (Seite 24)

4 Biosphäre Potsdam
Palmen, Gewitter mit Regenschauer, ein Wasserfall sowie Geräusche des Regenwaldes schaffen Tropenatmosphäre (Seite 27)

5 Park Sanssouci
Natur, Schlösser und Palais, Skulpturen und Fontänen vereinen sich zu einem einzigartigen Gesamtkunstwerk (Seite 31)

6 Filmmuseum
Ausstellung zur deutschen Filmgeschichte (Seite 42)

7 Marmorpalais
Das bedeutendste Bauwerk im Neuen Garten steht am Ufer des Heiligen Sees (Seite 43)

Marmorpalais im Neuen Garten

Filmpark Babelsberg

Weißes Schloss der Pfaueninsel

8 Neues Palais
Möbel, Porzellan, Kunsthandwerk sowie 20 000 Mineralien und Versteinerungen als Zierde im Grottensaal (Seite 44)

9 Schloss Cecilienhof
Weltberühmt geworden durch die Unterzeichnung des »Potsdamer Abkommens« 1945 (Seite 45)

10 Schloss Sanssouci
Die Perle des Rokoko war der bevorzugte Wohnsitz des legendären Preußenkönigs Friedrich des Großen (Seite 47)

11 Krongut Bornstedt
Alte Handwerksberufe, Kaisersalons und mehr im einstigen Hohenzollern-Mustergut (Seite 59)

12 Waschhaus
Bands mit großen oder noch unbekannten Namen bringen das Publikum zum Toben (Seite 68)

13 Schlosstheater
Bereits Friedrich der Große frönte im Theater des Neuen Palais den Musen (Seite 69)

14 Pfaueninsel
Zum Welterbe gehörende Havelinsel mit einem schneeweißen Lustschlösschen (Seite 73)

15 Caputh
Viel Wasser, eine alte Fähre, ein Schloss mit 7000 himmelblauen Delfter Fliesen sowie das Sommerhaus von Albert Einstein (Seite 75)

★ Die Highlights sind in der Karte auf dem hinteren Umschlag eingetragen

SANS SOUCI

Entdecken Sie Potsdam!

Die ehemalige Sommerresidenz der preußischen Könige und deutschen Kaiser liegt wunderschön am Havelufer

Wer Potsdam hört, denkt zuerst an Schloss Sanssouci, die Perle des Rokoko. Gemälde und Fotos haben das Sommerschloss des Preußenkönigs Friedrich II. berühmt gemacht. Als Friedrich der Große ging er in die Geschichte ein, der »Alte Fritz« wird er oft familiär-respektlos genannt, »Philosoph von Sanssouci« bezeichnete er sich selbst gern. Wie kein anderer Hohenzollernkönig hat dieser Friedrich Potsdam geprägt.

Potsdam, die einstige Sommerresidenz der preußischen Könige und deutschen Kaiser, besitzt heute den größten Park- und Schlosskomplex nördlich der Alpen. Die Bundesgartenschau 2001 bescherte der Stadt noch einen weiteren Park. Der bildet eine gute Alternative zu den historischen Grünanlagen, über die die Unesco die Hand hält. Denn in dem neuen Volkspark Potsdam ist all das erlaubt, was in den anderen Parks verboten ist, nämlich Inlineskaten, Fahrradfahren, auf dem Rasen toben und Musik machen.

Sommerresidenz Friedrich des Großen: Schloss Sanssouci mit den Weinbergterrassen

Sonnensymbol am Gartenpavillon

Vom Schloss Sanssouci (im Winter vom Stadtschloss aus) lenkte Friedrich II. die Geschicke des Staates. Im Gegensatz zu seinen Vorgängern und Nachfolgern war für ihn Potsdam und nicht Berlin Wohn- und Regierungssitz. »Sans souci« (Deutsch: ohne Sorge) steht unter der mit grüner Patina bedeckten Schlosskuppel. Dieses Motto war jedoch mehr ein frommer Wunsch des Königs. Die Nachbarn aber sollten es glauben, und so entstand nach dem Siebenjährigen Krieg das Neue Palais. Als sichtbares Siegeszeichen war es gedacht, eine »Fanfaronade« (Prahlerei) nannte es Friedrich II. in kluger Selbsteinschätzung.

Für Kunst, Musik und Literatur war der König aufgeschlossen, deshalb verdanken wir ihm das Schloss-

Schön restaurierte Barockfassaden in der Yorckstraße

theater im Neuen Palais, eine der schönsten deutschen Spielstätten des Rokoko. Friedrich II. bevorzugte dabei die ausländischen Künste, im Schlosstheater durften nur französische Schauspiele und italienische Opern aufgeführt werden. »Kein Deutscher ist vermögend genug«, äußerte er, »was Sinnreiches oder Gutes zu schreiben, noch weniger ein deutscher Komödiant auf der Bühne etwas Vernünftiges vorzustellen!« Das war immerhin zu einer Zeit, als Johann Wolfgang von Goethe mit »Götz von Berlichingen« Beifallsstürme erlebte und ebenso Gotthold Ephraim Lessing mit seiner »Minna von Barnhelm«.

» Potsdam hat sich schon immer multikulturell gegeben «

Potsdam ist eine Stadt, die sich schon immer multikulturell gegeben hat. So war man offen für die Architektur vieler Länder – für den Baumeister Johann Boumann aus Holland und Jean Laurent Legeay aus Frankreich. Viele europäische Stile wurden kopiert: Sie werden in Potsdam Bauten aus England, der Türkei und Ägypten finden. Vor allem aber gibt es eine Menge Ähnlichkeiten mit der italienischen und französischen Architektur. Auch China fehlt nicht, denn zum Rokoko – dem Zeitalter der Chinoiserien – gehörte der Zauber des Exotischen.

Ihr Gutes hatten auch die Beziehungen zu Russland, die auf verwandtschaftlichen Bindungen beruhten, denn sie bescherten Potsdam die Russische Kolonie Alexandrowka. Der Zar schenkte dem Preußenkönig russische Sänger, und der ließ für die zwölf letzten von ihnen eine Siedlung im russischen Stil errichten. Wie ein Freilichtmuseum zeigen sich die bilderbuchhaften Holzhäuser. Mancher Tourist soll schon durch ein offen stehendes Hoftor spaziert sein, um sich im Haus bei der verdutzten Familie zu erkundigen, wo denn die Kasse sei und gleich der Rundgang beginne.

Durch die Heirat des Kurfürsten 1651 mit Luise Henriette aus dem Hause Oranien waren Bindungen nach Holland entstanden. Mit Hochachtung (und wohl auch etwas Neid) schaute man auf das wirtschaftlich blühende Land. Wie könnten fleißige Holländer nach Potsdam gelockt werden? Am besten wohl mit einer Siedlung, in der sie sich heimisch fühlen. Und so entstand das Holländische Viertel. Zu DDR-Zeiten wurde es arg vernachlässigt. Mittlerweile sehen große Teile schon wieder so gepflegt wie in einer holländischen Kleinstadt aus.

»Die meisten kommen der Schlösser und Parks wegen«

Die meisten kommen nach Potsdam der Schlösser und Parks wegen. Doch die Stadt hat mehr zu bieten und deshalb bewirbt sich Potsdam für 2010 mit weiteren 15 deutschen Städten als Kulturhauptstadt Europas. Zu den Attraktionen von Potsdam gehört beispielsweise die Filmstadt Babelsberg. Die legendäre Ufa drehte hier Filme, die Generationen begeisterte. In dem heutigen Potsdamer Vorort entstanden 1929 der erste vollständige deutsche Tonfilm »Melodie des Herzens« mit Willy Fritsch und 1941 der erste abendfüllende deutsche Farbfilm »Frauen sind doch bessere Diplomaten« mit Marika Rökk. Ab 1946 drehte die Defa (später das Staatsfilmunternehmen der DDR) in Babelsberg. Zu den Stars gehörten die bald auch im Westen bekannten Regisseure Frank Beyer, Heiner Carow, Konrad Wolf und die Schauspieler Annekathrin Bürger, Angelica Domröse, Manfred Krug und Armin Mueller-Stahl.

Seit Ende des Zweiten Weltkrieges entstanden in den Babelsberger Ateliers rund 1200 Kino- und Fernsehfilme. Zu den jüngsten Produktionen auf dem großen Filmgelände zählt der Anfang 2005 in den Kinos gestartete Streifen »Vom Suchen und Finden der Liebe« unter der Regie von Helmut Dietl mit Anke Engelke, Uwe Ochsenknecht und Harald Schmidt in den Hauptrollen.

Ein Spaziergang durch Potsdam ist ein Spaziergang durch preußische und deutsche Geschichte. Die Havelstadt galt als Symbol für den preußisch-deutschen Militarismus, der der Welt nichts Gutes bescherte: Am Abend des 1. August 1914 unterzeichnete Kaiser Wilhelm II. an seinem Schreibtisch im Neuen Palais die Verkündigung des Kriegszustandes. Vier Jahre später sprach er von »Schicksal« und flüchtete in das holländische Doorn. Am 21. März 1933 dann, dem »Tag von Potsdam«, wurde in der Hof- und Garnisonkirche Adolf Hitler mit großem militärischem Pomp als Reichskanzler vereidigt, zwölf Jahre später flog die britische Royal Air Force einen Angriff auf Potsdam. 490 Flugzeuge warfen am 14. April 1945 rund 1750 Tonnen Sprengstoff auf die Innenstadt. Wenige Wochen später wurde in Potsdam sogar Weltgeschichte geschrieben! Harry S. Truman, Clement Attlee und Joseph W. Stalin trafen sich im Schloss Cecilienhof. An einem run-

Idyllisch gelegen und mit Zinnen gekrönt: das Babelsberger Schloss

den Verhandlungstisch (eigens dafür in Moskau hergestellt und noch heute zu sehen) beschlossen sie die europäische Nachkriegsordnung, das »Potsdamer Abkommen«.

Der britische Heeresbericht meldete nach dem Bombenangriff 1945: »Potsdam besteht nicht mehr.« Doch Potsdam konnte nicht ausgelöscht werden, auch wenn die traditionsreiche Hof- und Garnisonkirche und das schöne Stadtschloss zerstört wurden. Die von den Bomben schwer getroffenen Bauwerke mochten die DDR-Machthaber nicht wieder aufbauen. In einem Akt politischer und kultureller Barbarei ließen sie beide Bauwerke schleifen, um den »militärischen Geist von Potsdam« symbolisch auszulöschen.

» *Potsdam wird sein altes Zentrum zurückbekommen* «

Seit der Einheit gibt es heftige Debatten über den Wiederaufbau des Stadtschlosses und der Garnisonkirche. Denn die Potsdamer wollen ihre Stadt schöner machen. Der Stadtkanal ist teilweise schon wieder rekonstruiert, das Schloss Babelsberg soll spätestens 2007 in alter Schönheit erstrahlen. Und bis zum Jahr 2014 – so haben die Stadtverordneten beschlossen – wird Potsdam sein altes Zentrum zurückbekommen – weit gehend dem historischen Stadtgrundriss folgend.

Von zahlreichen Aussichtstürmen aus haben Sie einen fabelhaften Blick auf die Stadt. Die Hohenzollern ließen sich in Potsdam gleich mehrere Türme errichten, vielleicht deshalb, weil Könige und Kaiser gern von oben auf ihre Landsleute, auf ihren

Besitz herabschauen. Ob Sie auf den Turm des Orangerieschlosses klettern, auf das Belvedere des Pfingstbergs oder auf den Normannischen Turm des Ruinenbergs, gewiss werden Sie Friedrich II. zustimmen, der 1758 über Potsdam geäußert haben soll: »Wenn Sie diese Stadt sehen, wird sie Ihnen gefallen.«

Fast 20 000 Studenten leben in Potsdam

Hätte es diesen Friedrich nicht gegeben, wären wir wohl um das großartige Potsdamer Park- und Schlossensemble ärmer. Die Potsdamer sind deshalb stolz auf ihren Friedrich und wollten ihn nach der Einheit rasch zu sich holen. Begraben werden wollte er neben seinem Lieblingsschloss an der Seite seiner geliebten Windspiele, doch sein letzter Wille wurde nicht befolgt. Der König aller Preußen neben Hunden! Der Sarkophag kam in die Hof- und Garnisonkirche, 1945 trat er eine Odyssee an, die auf der Stammburg der Hohenzollern in Hechingen endete. Anlässlich seines 205. Todestages 1991 kehrte Friedrich II. nach Potsdam zurück und wurde seinem Wunsch entsprechend begraben.

Doch Potsdam ist längst nicht mehr nur die Stadt von Friedrich dem Großen. Fast 20 000 Studenten bevölkern zurzeit die brandenburgische Landeshauptstadt, sie studieren an der Universität, der Fachhochschule Bau und der Filmhochschule »Konrad Wolf«. Mit Hip-Hop, Inlineskating und Walking haben sie frisches Leben nach Potsdam gebracht. In Kneipen wird gelacht und gefeiert, in den Diskos gastieren Gruppen mit großen Namen. Mit dem Filmpark Babelsberg, dem bunten Treiben auf dem Wasser und seinen vielen Kneipen ist Potsdam heute eine facettenreiche Touristenstadt, in der es mehr zu entdecken gibt als nur Schlösser und Parks.

Welterbe

Die Unesco erklärte das Berlin-Potsdamer-Architekturensemble zum Welterbe

Seit das in Jahrhunderten längs der Havel entstandene Gesamtkunstwerk aus Schlössern und Gärten auf der Welterbeliste steht, kommen verstärkt auch Besucher aus dem Ausland nach Potsdam. Der Ensemblecharakter, wie es in der Begründung der Unesco heißt, ist die Besonderheit dieser Anlagen. Die Parks Sanssouci, Neuer Garten und Babelsberg, Schloss und Park Sacrow mit der Heilandskirche sowie die zu Berlin gehörende Pfaueninsel und Glienicke mit seinen Schlössern wurden 1990 unter den Schutz der Unesco gestellt, 1999 kamen weitere 14 Denkmalbereiche hinzu, darunter die Russische Kolonie Alexandrowka und der Pfingstberg mit dem Belvedere.

Interessantes von einst und heute

In der Kunststadt treffen Sie auf engagierte, berühmte, seltsame und großzügige Menschen sowie auf die Havelschwäne

Der Alte Fritz

Könige und Kaiser hat Potsdam viele gesehen, doch am berühmtesten ist wohl der zynische und im späteren Alter kauzige Friedrich II., der Große, auch der »Alte Fritz« genannt. Im Sommer stand der König um 5 Uhr auf, im Winter gegen 6 Uhr. Ein Lakai half ihm beim Ankleiden und rasierte ihn. Bis zur Abnahme der Parade um 11 Uhr bearbeitete er Schreiben von Ministern und Behörden. Notierte der König etwas, geschah es meist in fehlerhafter Orthografie, denn Deutsch beherrschte er im Gegensatz zum Französischen schlecht. Nach dem Mittagessen kam ein Vorleser, gegen 19 Uhr begann meist ein kleines Konzert, bei dem der Alte Fritz Flöte spielte, danach folgte das Abendessen mit Gästen. Seine Gemahlin oder andere Frauen nahmen daran nicht teil. Friedrich II. besaß im Gegensatz zu vielen anderen Monarchen keine Mätresse.

Die Langen Kerls

Mit klingendem Spiel marschierte Potsdams Traditionstruppe schon in vielen Teilen der Welt, um für ihre Stadt zu werben. Schauparaden der Langen Kerls fanden in Paris, Brüssel, Tokio und New York großen Anklang. Beim Schauexerzieren in Potsdam kam es dagegen in der Vergangenheit immer wieder zu Störungen durch die »Kampagne gegen Wehrpflicht«, die die Veranstaltungen als Verherrlichung des preußischen Militarismus kritisiert. Die Garde – nach dem Zusammenbruch der DDR als Traditionsverein wieder auferstanden – hat als Aufnahmebedingung, dass mindestens das Gardemaß von sechs Preußischen Fuß an die Messlatte gebracht werden, also 1,88 m. Mit den hohen Mützen bringen es die Langen Kerls auf etwa 2,40 m. Sie waren die Vorzeigetruppe des Soldatenkönigs Friedrich Wilhelm I. In aller Herren Länder waren seine Werber unterwegs, um mit List und Tücke überdurchschnittlich große junge Männer nach Potsdam zu holen. Rekordhalter war mit 2,17 m der Ire James Kirkland. Am 22. Juni 1740 präsentierten die »echten« Langen Kerls zum letzten Mal das Gewehr zu Ehren ihres verstorbenen Königs. Sein Nachfolger löste das Regiment auf.

Friedrich II. hoch zu Ross im Park Sanssouci

Havelschwäne
Die Schwäne auf der Havel gehören zum gewohnten Landschaftsbild wie die Weiden am Ufer und die Schiffe auf dem Wasser. Im 18. Jh. wurden sie auf den Havelgewässern wegen ihrer Federn gezüchtet. Damit die Schwäne nicht wegfliegen konnten, amputierte man ihnen einen Flügel. Während der Franzosenzeit von 1806 bis 1813 und nach den beiden Weltkriegen gab es auf den Havelseen keine Höckerschwäne mehr, erst 1956 tauchten sie wieder auf. Inzwischen sind sie so zahlreich vertreten, dass sie oftmals an Badestellen zur Plage werden. Allerdings: Ohne sie würde in der Landschaft etwas fehlen.

Literatur
Theodor Fontane hat sich bei seinen Reisen durch die Mark Brandenburg auch in Potsdam und Umgebung umgesehen. Im Band »Havelland« schreibt er über die Havelschwäne, über Paretz, Caputh, Werder und die gastfreundliche Frau Friedrich von der Pfaueninsel. Wolfgang Fabian stellt in seinem Buch »Potsdam – die Stadt, die Könige und ihre Besucher« in prägnanten Porträts die Hohenzollern in ihren Beziehungen zu Potsdam dar. Ein farbiges Bild der Brandenburger Landeshauptstadt geben in dem großformatigen Buch »Potsdam« die Fotos des Potsdamers Ulf Böttcher und die Essays von Bernd Siegmund.

Schuster Voigt
Als Hauptmann von Köpenick wurde der kleine Schuster Voigt weltberühmt. Heinz Rühmann spielte ihn im Film, Harald Juhnke im Fernsehen und auch auf der Bühne. In der Mittelstraße 4 im Holländischen Viertel beginnt die Geschichte. Hier hatte der Trödler Remlinger sein Geschäft, in das am 16. Oktober 1906 der Schuster

Kurfürsten, Könige & Kaiser

Die Regierungszeiten der Hohenzollern

Kurfürsten von Brandenburg:
Friedrich Wilhelm (der Große Kurfürst) 1640–88;
Friedrich III. 1688–1701, danach bis 1713 als Friedrich I. König in Preußen.
Preußische Könige:
Friedrich Wilhelm I. (der Soldatenkönig) 1713–40;
Friedrich II. (der Große, der »Alte Fritz«) 1740–86;
Friedrich Wilhelm II. (der »dicke Wilhelm«) 1786–97;
Friedrich Wilhelm III. 1797–1840;
Friedrich Wilhelm IV. 1840–61.
Deutsche Kaiser:
Wilhelm I., preußischer König 1861–71, dann bis 1888 Kaiser;
Friedrich III. (der 99-Tage-Kaiser) 1888;
Wilhelm II. 1888–1918.

Von Theodor Fontane literarisch verewigt: Werder an der Havel

Voigt eintrat, um sich eine Hauptmannsuniform auszuleihen. Als Hauptmann verkleidet unterstellte er sich zwölf Grenadiere, verhaftete in Köpenick den Bürgermeister und beschlagnahmte die Stadtkasse. Die Welt lachte damals über den preußischen Staat mit seinem Untertanengeist.

Stadtschloss

Nicht wenige waren gegen den Wiederaufbau des im Zweiten Weltkrieg zerstörten und 1959/60 abgetragenen Potsdamer Stadtschlosses. Zu den Befürwortern gehört der in Potsdam wohnende Fernsehmoderator Günther Jauch, der sich schon wiederholt großzügig zeigte und einige Millionen Euro spendete. Der erste Teil des Schlosses steht seit 2002, das Fortunaportal, für das Jauch gemeinsam mit dem jetzigen Ministerpräsidenten von Brandenburg, Matthias Platzeck, den Schlussstein setzte. Den Wiederaufbau des Schlosses – in das der Brandenburgische Landtag und später die Volksvertretung von Berlin-Brandenburg einziehen soll – haben die Stadtverordneten besiegelt. Doch woher das Geld kommt, haben sie nicht gesagt. Potsdam selbst hat keins, deshalb wird weltweit nach einem Privatinvestor gesucht.

Statistisches

Potsdam, Hauptstadt des Bundeslands Brandenburg, besitzt rund 144 000 Einwohner, die Fläche beträgt 187,3 km². Oberbürgermeister ist Jann Jakobs (SPD), die PDS mit 18 Abgeordneten die stärkste Fraktion. Höchste Erhebungen sind die Ravensberge mit 116 m, der Telegrafenberg mit 80 m und der Pfingstberg mit 76 m.

Feste, Events und mehr

Filme, Tanz und vor allem Musik, Musik, Musik

Die Kulturstadt Potsdam präsentiert Ihnen nicht nur etwas fürs Auge, sondern auch viel für die Ohren. Die Schlösser, Parkanlagen und Seen bieten sich geradezu als Kulisse an, und so finden manche Veranstaltungen im Freien statt.

Konzert vor dem Neuen Palais

Feiertage

1. Januar; Karfreitag; Ostersonntag und -montag; 1. Mai; Christi Himmelfahrt; Pfingstsonntag und -montag; 3. Oktober *(Tag der Deutschen Einheit);* **31. Oktober** *(Reformationstag – im benachbarten Berlin kein Feiertag);* **25./26. Dezember**

Veranstaltungen

April

Tulpenfest: Zehntausende Tulpen und andere Frühblüher verbreiten an einem Wochenende in der Monatsmitte im Holländischen Viertel einen Hauch von Frühling.

April/Mai

Studentenfilmfestival Seh-Süchte: eines der größten Studentenfilmfestivals Europas – die Tradition reicht bis 1972 zurück –, auf dem etwa 150 Spiel-, Dokumentar-, Animations- und Experimentalfilme von Studenten und Amateurfilmern aus aller Welt gezeigt werden. *www.sehsuechte.de*

April–Dezember

Potsdamer Hofkonzerte Sanssouci: Die Reihe ist dem preußischen Erbe verpflichtet, trotzdem durchbrechen die Konzerte mit oftmals internationalen Künstlern immer wieder ganz bewusst die Tradition, um Altes und Neues zu verbinden.

Mai

Potsdamer Tanztage: Das Internationale Festival für zeitgenössischen Tanz bietet ein Spektrum von hochkarätigen Tanzaufführungen, dazu Konzerte, Filme und Gesprächsrunden. *www.fabrikpotsdam.de*

Mai–Oktober

Potsdamer Arkadien: Sommerkulturprogramm mit Theater, Musik, Kleinkunst und vielem mehr, in der *Brandenburger Straße*, auf der *Freundschaftsinsel*, im *Babelsberger Park* und in den Höfen der historischen Innenstadt

Mai–Dezember

★ *Caputher Musiken*: für jeden Geschmack das Passende, Kammermusik ebenso wie Jazz und geistliche Chorwerke

Juni

★ *Musikfestspiele Potsdam-Sanssouci:* kultureller Höhepunkt des Jahres mit Kammer-, Orgel- und Serenadenkonzerten, Oper- und Soloabenden international renommierter Künstler und Ensembles, jährlich wechselnde Themen. *www.musikfestspiele.potsdam.de*

Insider Tipp *Osteuropäisch-Deutsches Festival für Off-Theater:* renommiertes Festival für innovatives und modernes Theater, bei dem freie Gruppen ungewöhnliche Inszenierungen zeigen. *www.unidram.de*

Juni–September

Internationaler Orgelsommer: Organisten aus dem In- und Ausland spielen im wöchentlichen Wechsel an den Orgeln der Erlöserkirche *(Nansenstraße)* und der Friedenskirche *(Park Sanssouci).*

August

Potsdamer Schlössernacht: Zehntausende strömen an einem Sonnabend bis spät in die Nacht in die zum Teil farbig angestrahlten Schlösser und in die Parkanlagen. Das kulturelle Angebot reicht von Musik über Theateraufführungen, Lesungen, Akrobatik bis zu kulinarischen Genüssen. *www.schloesser nacht.de*

September

Insider Tipp *Potdamer Jazzfestival:* Bands aller Jazzstilrichtungen aus dem In- und Ausland spielen am 2. Wochenende in der Schiffbauergasse auf. *www.potsdamer-jazzfestival.de*

Dezember

Insider Tipp *Sinterklaasfest:* Traditionell reist Sinterklaas, der Weihnachtsmann Hollands, am Samstag des 3. Dezemberwochenendes auf einem Schiff an. Im Potsdamer Hafen besteigt er sein Pferd und reitet ins Holländische Viertel, um das Sinterklaasfest zu eröffnen.

Tulpenfest im Holländischen Viertel

Parks, Schlösser und viel Kunst

Berühmte Baumeister, Landschaftsgestalter und Bildhauer haben Meisterhaftes geschaffen

Potsdam braucht Zeit! Die Innenstadt, klein und überschaubar, ist zwar schnell erlaufen, aber Potsdam bietet bedeutend mehr, denn es besitzt einen der größten Park- und Schlosskomplexe Europas. Auf den Wegen dorthin gibt es auch eine Fülle von Kunstwerken zu sehen: Skulpturen und Pavillons, Fontänen und Säulen. Das Auto nützt hier wenig, am besten, Sie lassen es stehen, so sehen Sie viel mehr!

Den ersten Überblick bietet eine Stadtrundfahrt mit dem Bus. Aber auch Sightseeing vom Wasser aus ist möglich, schließlich ist die Stadt von Seen umkränzt. Der Neue Garten und Babelsberg mit Park und Filmstadt liegen ein wenig abseits, sind jedoch mit öffentlichen Verkehrsmitteln zu erreichen. Ein Tag dürfte für diese letztgenannten Besichtigungen kaum reichen. Und nicht zu vergessen die Umgebung, in die schon Preußens Könige und Deutschlands Kaiser gern fuhren. Wie schon gesagt: Potsdam braucht Zeit!

Schwer trägt Atlas auf der Turmspitze des Alten Rathauses an der Weltkugel

Typische Glockengiebel im Holländischen Viertel

ARCHITEKTURENSEMBLES

Holländisches Viertel **[107 E–F2]**
★ Ein kleines holländisches Idyll mitten in Potsdam, salopp auch »Klein-Amsterdam« genannt. 1734 wurde das Architekturensemble für holländische Kolonisten begonnen, 1742 war es fertig. Insgesamt entstanden in vier Karrees unter Leitung des Holländers Johann Boumann 59 Giebel- und 75 Traufenhäuser mit hübschen Vorgärten. Nach denen braucht man nicht Ausschau zu halten, denn der letzte verschwand schon 1928. An Holland erinnert auch die ebenfalls aus rotem Backstein errichtete westliche Häuserfront der nahen Straße Am Bassin, die rund 40 Jahre nach »Klein-Amsterdam« entstand.
Straßenbahn 90, 92, 95, Bus 692

Russische Kolonie Alexandrowka: Blockhäuser mit russischem Dekor

Krongut Bornstedt **[106 B–C1]**

★ Das einstige Mustergut der Hohenzollern wurde nach jahrelanger Sanierung im Sommer 2002 wieder eröffnet. Sie erleben hier brandenburgisch-preußische Geschichte in zeitgemäßer Form. Es gibt ein Brau- und Brennhaus, Hofbäckerei, Café und Konfiserie sowie eine Manufaktur, in der alte Handwerksberufe aufleben, vom Zinngießer über den Korbflechter bis zum Glasbläser. Im Herrenhaus sind die kaiserlichen Salons wieder entstanden.

Den in Beige und Altrosa getünchten Gebäudekomplex (1848) im italienischen Stil, nur wenige hundert Meter von Schloss Sanssouci entfernt, verwandelten der spätere Kaiser Friedrich III. und seine englische Gemahlin Victoria in ein Mustergut. *Ribbeckstr. 6/7, tgl. 10–20 Uhr, Info Tel. 0180/ 576 64 88, www.krongut-bornstedt.de; Eintritt in die Gutsanlage frei, Bus 692*

Matrosenstation **[104 B5]**

Der einzige Gebäudekomplex norwegischer Holzbaukunst in Deutschland am Ufer des Jungfernsees nahe der Glienicker Brücke soll wieder hergestellt werden. Fertig ist das fast 4 m hohe Eingangstor der kaiserlichen Marinestation, die nach dem Zweiten Weltkrieg bis auf das Kapitänshaus, die Matrosenkaserne und den Bootsschuppen zerstört worden war.

Kaiser Wilhelm II. erfreute sich bei seinen Nordlandfahrten an der norwegischen Holzarchitektur. »So ein Ding will ich auch haben«, soll er 1890 zum norwegischen König Oskar II. gesagt haben. In den folgenden Jahren entstand deshalb in Potsdam die Holzhäusergruppe für die Matrosen der kaiserlichen Marine als ein Stück Norwegen in Deutschland. Auf den Fundamenten der 1945 zerstörten Eingangshalle stand 1961–89 die Berliner Mauer.

Insider Tipp

Von der Matrosenstation besteht neuerdings Fährverkehr über den Jungfernsee zur Sacrower Heilandskirche. Gefahren wird mit dem größten originalgetreuen Nachbau eines 1880 in Norwegen ausgegrabenen frühmittelalterlichen Wikingerschiffs *(Mai–Okt. Di–So, Tel. 0160/98 58 59 90, www.kongsnaes.de). Straßenbahn 93, Bus 116*

Russische Kolonie Alexandrowka **[103 E5–6]**
Am 10. April 1826 unterzeichnete Friedrich Wilhelm III. eine »Allerhöchste Cabinets-Ordre«, für zwölf russische Sänger eine Kolonie zu errichten. Fast auf den Tag genau ein Jahr später zogen die Russen in zwölf hübsche, komplett eingerichtete Holzhäuschen – der deutsche Aufseher in ein dreizehntes. Die Russen waren 1812 als Kriegsgefangene nach Preußen gekommen. Nach dem preußisch-russischen Militärbündnis dienten sie dem König als »Russischer Sängerkorps«. Weil er sich so an dessen melancholische Lieder gewöhnt hatte, schenkte ihm Zar Alexander den gesamten Chor.

Die Häuser sind nicht, wie es den Anschein hat, aus kräftigen Holzbohlen erbaut. Sie bestehen aus gemauertem Fachwerk, das außen mit gewölbten Dielenbrettern geschickt verkleidet wurde. Etwas abseits, auf dem nördlich liegenden Kapellenberg, wurde die russisch-orthodoxe Kirche erbaut, daneben ein weiteres Blockhaus für den Gemeindepopen. *www.alexandrowka.de, Straßenbahn 90, 92, 95, Bus 697, 691*

BAUTEN

Altes Rathaus **[107 F3]**
1885 zogen die Stadtväter aus, danach hieß das Gebäude »Ehemaliges Rathaus«, heute »Altes Rathaus«. 1755 war das Bauwerk mit der den Turm krönenden Atlasfigur fertig. 21 Jahre später erlebten die

MARCO POLO Highlights »Sehenswertes«

★ **Holländisches Viertel**
Mit »Klein-Amsterdam« wollte Friedrich Wilhelm I. holländische Handwerker ins Land holen (Seite 19)

★ **Krongut Bornstedt**
Brandenburgisch-preußische Geschichte in zeitgemäßer Form (Seite 20)

★ **Filmpark Babelsberg**
Einst Europas größte Traumfabrik (Seite 24)

★ **Biosphäre Potsdam**
Ein spannender Spaziergang durch einen tropischen Regenwald (Seite 27)

★ **Neuer Garten**
Weite Rasenflächen, schöne Baudenkmäler und Durchblicke aufs Wasser (Seite 28)

★ **Park Sanssouci**
Potsdams Hauptanziehungspunkt: kunstvoll gestaltete Natur und Schlösser (Seite 31)

Potsdamer eine böse Überraschung: Der große, fast 6 t schwere und nur ungenügend verankerte Atlas stürzte auf die Straße. Man hievte eine neue Plastik nach oben, diesmal aus Kupfer getrieben und vergoldet. Die leuchtet noch heute in der Sonne. Das im Zweiten Weltkrieg zerstörte Gebäude dient seit dem Wiederaufbau mit dem benachbarten Knobelsdorffhaus als Kulturhaus. *Am Alten Markt, Straßenbahn 90, 92, 93, 96, X98, Bus 695*

Belvedere (Klausberg) **[106 A–B1]**
Friedrich der Große ließ sich 1770 von Georg Christian Unger nach altrömischem Vorbild einen Ausguck auf dem Klausberg (auch Drachenberg genannt) erbauen, den er zeitweise für Festlichkeiten nutzte. In den letzten Tagen des Zweiten Weltkrieges wurde das Belvedere bis auf die Umfassungsmauern zerstört. Die Rekonstruktion des von einer Kuppel bekrönten Rundbaus wurde 2002 abgeschlossen. *Mitte Mai–Mitte Okt. Sa/So 10–17 Uhr, Bus 695*

Belvedere (Pfingstberg) **[103 E4]**
Friedrich Wilhelm IV. schwebte Großes vor: Eine gewaltige Terrassenanlage mit einem prachtvollen Lustschloss sollte vom Pfingstberg bis zum Neuen Garten reichen. Entstanden sind jedoch nur starke Umfassungsmauern mit Säulengängen sowie eine 25 m hohe Doppelturmfront mit einem »römischen« und einem »maurischen« Kabinett. Die schlossartige, romantische Anlage verkleidet das Wasserbecken für die Fontänen des Neuen Gartens. Von den beiden 25 m hohen Türmen haben Sie eine herrliche Sicht. *März, Nov. Sa/So 10–18, April/Mai und Sept. tgl. 10–18, Juni–Aug. tgl. 10–20, Okt. tgl. 10–16 Uhr, www.pfingstberg.de*

Am Abhang des Pfingstbergs errichtete Karl Friedrich Schinkel sein

Breite Alleen führen vom Belvedere auf dem Klausberg zur Orangerie

erstes Bauwerk in Potsdam: einen Insider Tipp *Pomonatempel* genannten Gartenpavillon *(April–Okt. Sa/So 15–18 Uhr)*. Die Gartenanlage zwischen Pfingstberg und Neuem Garten hat Peter Joseph Lenné geschaffen. Jahrzehnte war sie nicht zugänglich, da die östliche Siegermacht des Zweiten Weltkrieges bis zu ihrem Abzug 1994 das Gelände nutzte – und es in einem beklagenswerten Zustand zurückließ. Die Wiederherstellung erfolgte nach historischen Plänen. *Bus 691, 692, 697*

Gotische Bibliothek **[107 F1]**
Lange Zeit hieß das 1792–94 von Carl Gotthard Langhans errichtete Gebäude der »schiefe Turm von Potsdam«. Um die einstige Königliche Privatbibliothek zu erhalten, wurde der zweigeschossige Turmpavillon Stück für Stück abgetragen und wieder aufgebaut. *Am Neuen Garten, Straßenbahn 93, Bus 116*

Großes Militärwaisenhaus **[107 E3]**
Man meint, einen königlichen Palast vor sich zu haben, steht aber vor einer karitativen Einrichtung besonderer Art. In dem Gebäude wurden uneheliche Soldatenkinder erzogen, die unter elenden Bedingungen bis zu 35 Stunden in der Woche in Manufakturen arbeiten mussten. Von der 1945 weit gehend zerstörten Anlage sind noch zwei Flügel erhalten. *Dortu-/Breite Straße, Straßenbahn 94, 96, Bus 695*

Kaiserbahnhof **[106 A3]**
Der so genannte Kaiserbahnhof – gemeint ist der Bahnhof Potsdam-Park Sanssouci – wurde 1904 erbaut, damit seine Majestät Wilhelm II. bequem zwischen Berlin und dem Potsdamer Neuen Palais reisen konnte. Nach dem Zweiten Weltkrieg war er Endstation für den bis 1952 zwischen Moskau und Potsdam verkehrenden »Blauen Express«, danach verfiel er zur Ruine. Die Deutsche Bahn steckt 35 Mio. Euro in das Weltkulturerbe und richtet es als Führungsakademie her. Der *Kaisersaal* mit Kamin, die historische Eichendecke, der Gefolgesaal und die Kaisertreppe werden nach alten Vorlagen wieder hergestellt. Im Herbst 2005 soll alles fertig sein. *Bus 695*

Marstall **[107 E3]**
Der lang gestreckte, rotbraune Bau hat eine bewegte Geschichte: 1686 als Orangerie entstanden, wenige Jahre später zum königlichen Reitstall (Marstall) umgebaut, später Garnisonmuseum und Ausstellungsraum für bildende Künstler. 1981 zog das Filmmuseum ein. Die Pferde- und Reitergruppen aus Sandstein von Friedrich Christian Glume auf den Attiken erinnern an den Reitstall. Marstall und Schloss waren durch die so genannte Ringerkolonnade verbunden, deren Reste unterhalb des Hotels Mercure im neu entstandenen Lustgarten aufgestellt wurden. *Breite Straße, Straßenbahn 90, 92, 93, 96, Bus 695*

Normannischer Turm **[111 E1-2]**
Der 23 m hohe Turm (1846) auf dem Ruinenberg, im Zweiten Weltkrieg zerstört und danach seinem Schicksal überlassen, dient seit der Wiederherstellung 2001 erneut als Aussichtsturm. Mit dem Bauwerk ließ Friedrich Wilhelm IV. das Wasserbecken zur Speicherung der Fontänen von Sanssouci ergänzen,

Wagemutige Stunts: Im Filmpark Babelsberg ist Action angesagt

das sich dem Geschmack der damaligen Zeit entsprechend hinter künstlichen Ruinen (1748) verbirgt. *Mitte Mai–Mitte Okt. Sa/So 10–17 Uhr, Bus 614, 650*

Ständehaus **[107 E3]**
Eines der schönsten Gebäude der Stadt, erbaut als Ständehaus des havelländisch-zauchischen Kreises. Im Erdgeschoss und im zweiten Obergeschoss saßen einst die Steuereinnehmer, im ersten Obergeschoss tagten die Landräte. Die drei östlichen Achsen der Hauptfront wurden 1945 zerstört. *Linden-/Breite Straße 11, Straßenbahn 94, 96, Bus 695*

FILMSTADT

Filmpark Babelsberg **[109 E4–5]**
★ Der Filmpark – entstanden auf dem Gelände der einst größten Filmstadt Europas, die sich heute *Medienstadt Babelsberg* nennt – bietet Ihnen viel: Autocrashs, aufsteigende Rauch- und Nebelschwaden, rasante Verfolgungsjagden und Sprünge aus schwindelerregender Höhe. All dies zeigt die *Babelsberger Stuntcrew* frei nach Motiven des Kinohits »Mad Max III« in ihrer atemberaubenden Show. Schauplatz ist die monumentale Kulisse eines erloschenen Vulkankraters.

Im neu eingerichteten *Fernsehstudio 1* können die Besucher auf einer großen Videoleinwand die einzelnen Produktionsschritte verfolgen oder selbst im Rampenlicht stehen, zum Beispiel als Nachrichtensprecher, Wetterfee oder Aufnahmeleiter. In *Merlins Rückkehr* demonstriert einer der profiliertesten Filmtiertrainer Deutschlands seine Arbeit mit wilden Tieren vor der Kamera. Auch hier erlebt das Publikum das Spektakel hautnah und kann mitmachen. Schön gruselig geht es im *Dorf der Wölfe* zu. Hier sind Originalfilmdekorationen aus Horror- und Gruselfilmen zu bewundern, in denen Pranger, Guillo-

Insider Tipp

tine und Spukhäuser für Gänsehaut sorgen. Wem das noch nicht reicht, der lässt sich im *4D-Actionkino* richtig durchrütteln. Auf den bewegten Sitzen, begleitet von Wind und Nebel, erleben Sie schon heute die Kinotechnik von morgen. In der neuen Ausstellung *Die 7 Weltwunder des Films* werden die faszinierenden Möglichkeiten der Tricktechnik in Szene gesetzt. Wagemutige sind zum Flug auf Münchhausens Kanonenkugel oder zu rasanten Fahrten im Cabrio willkommen.

Im *Sandmann-Haus* wohnen der Sandmann und seine Freunde, im gläsernen Studio ist die Entstehung neuer Sandmännchenfolgen zu beobachten. Hinter einem bunten Bretterzaun entstand nach Motiven der Janoschgeschichte »Oh wie schön ist Panama« ein *Kinderpark* mit Spielscheune, Hängebrücken, Wasserspielen und Kinderrestaurant. Wer von den kleinen Besuchern Lust auf echte Mutproben hat, geht zum Dschungelabenteuerspielplatz mit Pendelwippe und Seilbahn, Wippbrücke, Buschhaus und Palmeninsel.

Babelsberg zählt zu den größten und ältesten Filmstudios der Welt. Hier standen seit 1912 Stars wie Greta Garbo, Marlene Dietrich, Yves Montand und Omar Sharif vor den Kameras. Über 3000 Kino- und Fernsehfilme haben die Studios bis heute verlassen. Die *Studiotour,* eine 20-minütige Shuttlefahrt, führt Sie auf das ansonsten nicht zugängliche Gelände der Medienstadt Babelsberg. Für den individuellen Besuch der Attraktionen des Filmparks sollten Sie mindestens sechs Stunden einplanen.

Wollen Sie sich nach all den Vergnügungen stärken, dann bietet sich im Eingangsbereich des Parks das Erlebnisrestaurant Prinz Eisenherz an. Die Ausstattung stammt zum größten Teil aus dem deutschbritischen Fantasyspektakel »Prinz Eisenherz«.

Jährlich im Sommer findet die Filmparknacht statt, eine Nacht der Fabelwesen und Magie in den phantastischen Kulissen des Filmparks. *April–Okt. tgl. 10–18 Uhr, Großbeerenstraße, Tel. 721 27 50, www.filmpark.de, Bus, 601, 602, 690*

Insider Tipp

FRIEDHÖFE

Alter Friedhof **[108 A4–5]**

In den Befreiungskriegen kam 1813 der Jäger August Renz aus dem Lützowschen Freikorps zu Tode. Erst da stellte man fest: Er war gar kein Mann, sondern eine Frau namens Eleonore Prochaska. Zum Gedenken erhielt sie an der Hauptallee eine toskanische Säule mit Adler. Das Denkmal daneben erinnert an dreitausend mit ihr gegen Napoleon Gefallene. Auf dem 1796 angelegten Friedhof ruhen auch der Begründer des deutschen Genossenschaftswesens, Franz Hermann Schulze-Delitzsch (1883 verstorben), und der berühmte Potsdamer Orgelbauer Alexander Schuke (1933 verstorben). *Dez.–Feb. tgl. 8–16, März/April, Sept./Okt. 7 bis 18, Mai–Aug. 7–20, Nov. 8–17 Uhr, Heinrich-Mann-Allee, Straßenbahn 90, X98, 92, 93, 96*

Bornstedter Friedhof **[102 B6]**

»Was in Sanssouci stirbt, das wird in Bornstedt begraben«, schrieb Theodor Fontane. Ausgenommen davon waren die Angehörigen der Königsfamilie, die kamen anderswo unter die Erde oder in Grüfte. Über hundert zum großen Teil prominente historische Personen wurden in Bornstedt bestattet, darunter der Gartenarchitekt Peter Joseph Lenné (1866 verstorben). Sportfans dürfte interessieren: Gillis Grafström, der in Potsdam lebende dreifache Eiskunstlaufweltmeister in den Zwanzigerjahren, fand auf dem Friedhof ebenfalls seine letzte Ruhestätte (1938 verstorben). *Eichenallee/ Ribbeckstr., Bus 614, 650*

Jüdischer Friedhof **[103 E4–5]**
1743 fanden am Fuße des Pfingstbergs die ersten Bestattungen statt, bis dahin mussten die Potsdamer Juden ihre Toten ganz bis nach Berlin bringen. Der Friedhof ist das einzig erhalten gebliebene Zeugnis der Potsdamer jüdischen Gemeinde. Zahlreiche Grabsteine stammen aus dem 18. und 19. Jh. *Bus 692*

Neuer Friedhof **[108 A5–6]**
Letzte Ruhestätte unter anderem für den Landschaftsarchitekten Gustav Meyer (1877 verstorben) und den Schriftsteller Bernhard Kellermann (1951 verstorben). Der nach 1863 eingeweihte und von Lenné gärtnerisch gestaltete Friedhof ist der größte Potsdams. *Geöffnet wie Alter Friedhof; Heinrich-Mann-Allee, Straßenbahn 90, X98, 92, 93, 96*

KIRCHEN

Alexander-Newski-Kapelle **[103 E5]**
Zar Nikolaus I., der Schwiegersohn von Friedrich Wilhelm III., wohnte 1829 dem ersten Gottesdienst bei. Die russisch-orthodoxe Kirche entstand für die Bewohner der Russischen Kolonie Alexandrowka. Im Inneren der Kirche finden sich Schenkungen der preußischen Prinzessin Charlotte, der späteren Zarin Alexandra Feodorowna, und des Moskauer Patriarchats. *Kapellenberg, Straßenbahn 90, 92, 95, Bus 691, 697*

Französische Kirche **[107 F2]**
Die Kirche ließ Friedrich der Große für die Französische Kolonie in Potsdam errichten. Den Entwurf dafür lieferte Georg Wenzeslaus von Knobelsdorff, der dabei das Pantheon in Rom vor Augen hatte. *Bassinplatz, Straßenbahn 90, 92, 95, Bus 692*

Friedenskirche **[107 D2]**
Friedrich Wilhelm IV. besaß eine Vorliebe für italienische Architektur. Da verwundert es nicht, wenn die Friedenskirche nach dem Vorbild der römischen Basilika San Clemente erbaut werden musste. Für den Glockenturm daneben stand der Campanile von Santa Maria di Cosmedin in Rom Pate. Das schöne, 900 Jahre alte Mosaik in der Apsis stammt von der Insel Murano bei Venedig. Es ist neben dem ravennatischen Mosaik auf der Berliner Museumsinsel das einzige originale italienisch-byzantinische Mosaik nördlich der Alpen.

In der zugänglichen Gruft unter dem Altar ruhen der 1861 verstorbene Bauherr und seine 1873 verstorbene Gemahlin Elisabeth Luise, im Mausoleum der 99-Tage-Kaiser Friedrich III. und seine Gemahlin Viktoria. 1991 fand hier auch der von der Stammburg der Hohenzollern gemeinsam mit Friedrich II. nach Potsdam überführte Friedrich Wilhelm I. seine letzte Ruhestätte. *Mai–Okt. tgl. 10–18 Uhr, Park Sanssouci, Bus 695, X15*

Nikolaikirche **[107 F3]**
Mit ihrer mächtigen Kuppel ähnelt die Nikolaikirche der St.-Pauls-Kathedrale in London. Die Idee für den Bau, der den Alten Markt beherrscht, lieferte der spätere König Friedrich Wilhelm IV., die Pläne stammen von Karl Friedrich-Schinkel, der weit gehend auch die Innenausstattung besorgte. *Alter Markt, Straßenbahn 90, 92, 93, 96, X98, Bus 695*

Peter-Pauls-Kirche **[107 E–F2]**
Die Apsis gleicht der Hagia Sophia in Istanbul, der 60 m hohe Turm ist dem Campanile von San Zeno Maggiore in Verona nachgebildet. Die 1870 fertig gestellte katholische Kirche gilt als typisches Beispiel für den Historismus. *Bassinplatz, Straßenbahn 90, 92, 95, Bus 692*

NATURERLEBNISWELT

Biosphäre Potsdam **[103 D4]**
★ Deutschlands größter Tropengarten präsentiert einen Dschungel aus 20 000 Pflanzen. Bis zu 14 m hohe Bäume und Palmen bilden das grüne Dach des Regenwalds, die Pfade säumen Orchideen, Kakao- und Kaffeepflanzen. Wasserfall, Geräusche des tropischen Waldes und stündlich Gewitter mit Regenschauern und Nebel schaffen die richtige Dschungelatmosphäre. Terrarien mit Insekten sowie tropische Fische in der Unterwasserstation zeigen eine Auswahl der tropischen Tierwelt. *Mo–Fr 9–18, Sa/So 10–19 Uhr, Georg-Hermann-Allee 99, Tel. 55 07 40, www.biosphaere-potsdam.de, Straßenbahn 92 (Mo–Fr), 90 (Sa/So)*

PARKS

In den drei großen Potsdamer Parks Neuer Garten, Babelsberg und Sanssouci befinden sich verschiedene Schlösser und Palais mit sehenswerten Museen (nähere Beschreibung der Museen im nächsten Kapitel).

Volkspark Potsdam/ Buga-Gelände **[103 D3–4]**
Das ehemalige Gelände der Bundesgartenschau lädt zur Erholung,

Richtig fit!

Joggen auf traumhaften Pfaden

Wer den ganzen Tag durch Museen gezogen ist, sehnt sich nach Bewegung in frischer Luft. Potsdam mit seinen vielen Grünanlagen ist ideal zum Joggen. Beliebt ist der Park von Sanssouci. Am besten starten Sie am Grünen Gitter, von der Straßenbahnhaltestelle am Brandenburger Tor oder der Tiefgarage Luisenplatz keine 5 Minuten zu Fuß entfernt. Strecken sind viele möglich, ratsam ist es, sich nach der Großen Fontäne südlich zu halten, da im Park Charlottenhof die wenigsten Besucher sind. Hier kann es richtig zur Sache gehen, Radfahrer und Hunde kommen Ihnen garantiert nicht in die Quere, denn Potsdams Parks stehen unter Unesco-Schutz, und da ist vieles verboten – joggen aber nicht!

zu Sport, Spiel sowie – als größte Openairbühne Potsdams – Kultur und Unterhaltung. Vorhanden sind eine moderne Anlage für alpines Klettern, Riesenrutsche, Trampoline sowie Streetball- und Beachvolleyballanlagen. Insider Tipp Ideal zum Inlineskaten ist ein vier Kilometer langer Rundkurs. Was in vielen Parks verboten, ist hier sogar erwünscht: »Betreten des Rasens erbeten!« In die einstige Buga-Halle zog unter dem Namen *Biosphäre* eine für Deutschland einzigartige Naturerlebniswelt. Der Haupteingang des Parks befindet sich an der Georg-Hermann-Allee, rund um den Park gibt es 14 weitere Eingänge. *Tgl. 5–23 Uhr, www.volkspark-potsdam.de, Straßenbahn 92 (Mo bis Fr), 90 (Sa/So), Bus 604, 609*

Freundschaftsinsel **[107 F3]**
Die Insel, unmittelbar an der Langen Brücke zwischen der Neuen und der Alten Fahrt der Havel gelegen, wurde anlässlich der Buga mit mehr als 100 000 neuen Stauden und 35 000 Blumenzwiebeln wieder neu bepflanzt. *Straßenbahn 90, 92, 93, 96, X98, Bus X15, 695*

Neuer Garten **[103 F4–6]**
★ Eines der schönsten frühen Beispiele englischer Gartenkunst auf dem europäischen Festland. Da der Park jünger ist als der von Sanssouci, bekam er den Namen »Neuer Garten«. Das 730 900 m² große Gelände an der Westseite des Heiligen Sees ließ Friedrich Wilhelm II. ab 1787 in einen »sentimentalen Landschaftsgarten« verwandeln. Ab 1817 gestaltete Lenné die Anlage, wie sie sich im Wesentlichen noch heute darbietet – mit weiten Rasenflächen, Baumgruppen und Durchblicken zum Heiligen See und Jungfernsee.

Sie betreten den Park dort, wo die Alleestraße auf die Straße am Neuen Garten stößt. Die alte Eichenallee (die Bäume wurden

Im Neuen Garten liegt direkt am Ufer des Heiligen Sees das Marmorpalais

1864 gepflanzt) führt zur lang gestreckten *Orangerie*, die 1791/92 von Carl Gotthard Langhans und Andreas L. Krüger mit großen Fenstern zur Südseite erbaut wurde. Eine Freude für das Auge bietet der Blumengarten mit den im Sommer aus der Orangerie geholten Palmen und Agaven. Rechts davon erstreckt sich das aus rotem Backstein erbaute *Holländische Etablissement* (1789/90 von Carl von Gontard und Krüger), das große Ähnlichkeit mit dem Holländischen Viertel im Stadtzentrum besitzt. In einigen Häusern wohnten Bedienstete des Marmorpalais, in anderen waren Ställe für die Tiere.

Der weitere Weg führt vorbei an einem von Langhans geschaffenen *Obelisken* (1893/94) – auf den Medaillons werden die vier Jahreszeiten dargestellt – zum Hauptgebäude des Parks: dem am Ufer des Heiligen Sees gelegenen *Marmorpalais* (1787–1892 von Gontard). Das Kleinod des preußischen Frühklassizismus hat sich Friedrich Wilhelm II. als Wohnsitz erbauen lassen. Nach dem Ersten Weltkrieg entstand in dem Palais ein Schlossmuseum, nach dem Zweiten Weltkrieg nutzte die Sowjetarmee das Gebäude als Offizierskasino, 1961 richtete die DDR darin ein Armeemuseum ein. Heute ist das Palais wieder als Schlossmuseum zugänglich.

Das südlich gelegene *Küchengebäude* (1788–90 auch von Gontard) – es war einst durch einen unterirdischen Gang mit dem Marmorpalais verbunden – wirkt von der Wasserseite wie eine halb versunkene Tempelruine. Die nach ägyptischem Vorbild errichtete *Pyramide* (1791–92) diente zu Königs- und Kaiserzeiten als Kühlschrank.

An diesem Tisch im Schloss Cecilienhof entstand das »Potsdamer Abkommen«

Das bekannteste Gebäude im Neuen Garten ist *Schloss Cecilienhof* (1913–17), entworfen von Paul Schultze-Naumburg. Das letzte und damals modernste Hohenzollernschloss besitzt 176 Räume, die sich um insgesamt fünf Innenhöfe gruppieren. Schloss Cecilienhof ging durch die Potsdamer Konferenz in die Weltgeschichte ein. Am 2. August 1945, eine halbe Stunde nach Mitternacht, unterzeichneten im Konferenzsaal Harry S. Truman, Clement Attlee und Joseph W. Stalin die als »Potsdamer Abkommen« bekannt gewordene Vereinbarung. Der fünfzackige rote Sowjetstern aus Blumen (Insider Tipp) im Großen Hof ist kein Relikt aus DDR-Zeit, auf diesen Stern hatten sich die drei Regierungschefs in der Vorbereitungsphase der Konferenz geeinigt, vermutlich weil die Sowjetunion die Hauptlast des Krieges zu tragen hatte. Heute dient ein Teil des Schlosses als Hotel, der andere als Gedenkstätte.

Am Ufer des Jungfernsees öffnete 2003 die am Ende des Zweiten Weltkrieges ausgebrannte *Meierei* als Gasthausbrauerei. Bis 1861 versorgte sie die königliche Hofküche mit Milchprodukten, danach wurde das burgenähnliche, zinnenbekrönte Gebäude Wasserwerk und später beliebtes Ausflugslokal. Die zur Ruine verkommene Meierei wurde originalgetreu wieder hergestellt, selbst an der Raumaufteilung wurde nichts verändert. Deshalb gibt es auf drei Etagen zahlreiche Gaststuben. Insider Tipp Die schönste ist das Teezimmer mit seinen venezianischen Fenstern, aus denen einst die Könige gern geschaut haben sollen. *Bus 692*

Park Babelsberg **[108 B–C 1–3]**
Mit 1,24 km^2 ist der Park Potsdams zweitgrößte Anlage. Prinz Wilhelm (der spätere Kaiser Wilhelm I.) beauftragte Lenné mit der Gestaltung des hügeligen Geländes am Tiefen See und der Glienicker Lake. Nach Meinungsverschiedenheiten der beiden setzte Hermann Fürst von Pückler-Muskau 1842 die Arbeiten fort. Und so wurde der Park im englischen Landschaftsstil das Werk zweier großer Gartenkünstler des 19. Jhs.

Den Auftrag für *Schloss Babelsberg* bekam Schinkel. Die Gemahlin des Bauherrn, Prinzessin Augusta aus dem Hause Sachsen-Weimar, hatte hierzu eigenwillige Vorstellungen, die sie als einstige Mal- und Zeichenschülerin Goethes selbst zu Papier brachte. Eine Art Schloss Windsor wollte sie haben mit Zinnen, Türmchen und Erkern, und alles sehr repräsentativ.

Wer den Park am nördlichen Eingang betritt (am Ende der Karl-Marx-Straße, kleiner Parkplatz vorhanden), sieht als Erstes das neugotische *Dampfmaschinenhaus* (1843 bis 1845 von Ludwig Persius). Die 40 PS starke Dampfmaschine sorgte für die Bewässerung des gesamten Parks. Das *Küchengebäude* (1844

Entspannen & Genießen

Hier werden Sie von Kopf bis Fuß wie neu

Erschöpfte Parkwanderer und Pflastertreter werden im Dachgeschoss eines alten Getreidespeichers rasch wieder auf Touren gebracht. Eine Ganzkörpermassage lockert die Muskeln, angenehm entspannt wird im großen Whirlpool mit Massage- und Luftdüsen. Gut regenerieren können Sie auch unter den Kaltwasser- und Schwallduschen. Wünschen Sie sanfte Erwärmung bei beruhigendem Licht, dann wählen Sie im Saunapark das Caldarium. Im Sanarium entführen Sie Wärme, Lichteffekte und Musik in neue Sphären, und Verwöhnung pur ist ein Cleopatra- und Aromaölbad. Danach oder zwischendurch geht es an die Vitaminbar. *Relax-Center, Zeppelinstr. 136, Tel. 979 19 90, Mo–Fr 8–23, Sa/So 9–22 Uhr, www.relax-center-potsdam.de*

bis 1849 von Johann H. Strack) hinter dem burgähnlichen Schloss ist mit diesem durch einen unterirdischen Gang verbunden. Das *Kleine Schloss* (1841/42 wiederum von Persius) am Ufer des Tiefen Sees entstand im neugotischen Stil für den Sohn des Prinzenpaares, den späteren 99-Tage-Kaiser Friedrich III. Heute ist dort ein Restaurant untergebracht. Im nahen *Marstall* (1839) standen die Pferde und Kutschen, und im *Matrosenhaus* (1842, umgebaut 1868) wohnten die Matrosen, die die königlichen Segelschiffe und Gondeln bei den Lustfahrten auf der Havel bedienten.

Auf einer östlichen Höhe (benannt nach dem Gartenarchitekten Peter Joseph Lenné) bekam 1872 die rote *Gerichtslaube* ihren Platz. Als in Berlin das neue Rote Rathaus fertig war, schenkten die Berliner Stadtväter die Gerichtslaube ihres alten Rathauses Kaiser Wilhelm I. Der ließ die offene gotische Halle als »denkwürdiges Wahrzeichen aus der Vorzeit« in Babelsberg aufbauen. Der 46 m hohe *Flatowturm* (1853–56 von Strack), der einst Gästezimmer beherbergte, wurde dem spätgotischen Eschenheimer Tor in Frankfurt/Main nachgebildet. Seinen Namen bekam er von der herrschaftlichen Familie Flatow in Westpreußen, die die Steine für den Bau stiftete. Von dem Rundturm bietet sich Ihnen ein herrlicher Blick *(April–Mitte Okt. Sa/So 10–17 Uhr). Bus 694*

Park Sanssouci **[110–111]**

★ Potsdams Hauptanziehungspunkt vereint Natur, Schlösser und kleinere Bauten zu einem einzigartigen Kunstwerk. In der von Lenné gestalteten, 2,9 km² großen

Rund 400 Skulpturen stehen im Park von Sanssouci

Parkanlage ist der 2,5 km lange Hauptweg, der sich zu Rondellen mit Fontänen und Skulpturen weitet und alle Parkbereiche zusammenfasst, das zentrale Element.

Wenn Sie den Park am östlichen Ende des Hauptweges betreten, gelangen Sie zur *Großen Fontäne,* von der Sie über den Weinberg hinauf zum Schloss Sanssouci blicken – ein weltbekanntes Motiv! Am 1. Mai 1747 weihte Friedrich II. das eingeschossige, lang gestreckte Schloss mit einem Bankett ein und lebte danach hauptsächlich dort. Am Rande der südlichen Schlossterrasse, an den Büsten römischer Kaiser erkennbar, ließ er seine geliebten Windhunde begraben und für sich selbst eine Gruft ausheben. Aber erst am 17. August 1991 bekam der König hier seine letzte Ruhestätte.

Die östlich vom Schloss Sanssouci gelegene, lang gestreckte

Das Neue Palais: der größte und kostspieligste Bau des 18. Jhs. in Sanssouci

Bildergalerie (1755–63 von Johann G. Büring) lässt von außen den prachtvollen Innenraum nicht erahnen. Westlich des Schlosses, oberhalb der *Neuen Kammern* (1748 von Knobelsdorff), drehen sich seit 1993 wieder die mächtigen Flügel der *Historischen Windmühle*, die 1945 abgebrannt war.

Das 330 m lange *Orangerieschloss* (1850–64 von Persius, Stüler, Hesse) entstand nach dem Vorbild italienischer Renaissancebauten. Im Parterre vor der Orangerie haben Sie dann den König vor sich, auf den die wunderschöne Anlage zurückgeht: Friedrich II. Das marmorne Reiterstandbild ist eine verkleinerte Nachbildung des bronzenen Denkmals von Christian Daniel Rauch, das in der Straße Unter den Linden in Berlin steht.

Das *Belvedere* (1770–72 von Unger) auf dem Klausberg (auch Drachenberg) ist seit 2001 erstmals in seiner Geschichte öffentlich zugänglich. Das *Drachenhaus* (1770 von Gontard) auf halber Höhe des Klausberges entstand als dreistufige Pagode. Das einstige Weingärtnerhaus beherbergt heute ein Café.

Größtes Bauwerk des 18. Jhs. im Park von Sanssouci ist das *Neue Palais* (1763–69 von Büring, Manger, Gontard) mit über zweihundert Räumen. 428 Götter und Halbgötter, an denen zwölf Bildhauer und mehrere Dutzend Steinmetzen sechs Jahre lang meißelten, schmücken die Fassade. Das Schlosstheater (1748) im südlichen Hauptflügel nimmt das gesamte erste und zweite Obergeschoss ein.

Um das Neue Palais sollten Sie einmal herumgehen, weil sich der Blick auf die *Communs* (1766–69 von Gontard, Legeay) lohnt. In den beiden gewaltig wirkenden Bauwerken gegenüber der Ehrenhofseite befanden sich Küchen, Wirtschaftsräume und Dienstwohnungen. In den *Antikentempel* (1768 von Gontard) nördlich vom Neuen Palais, eine verkleinerte Nachbildung des Pantheons in Rom, luden die Könige bis 1830 zur Besichtigung ihrer Antikensammlung ein. Nachdem diese jedoch ins neue Museum nach Berlin gekommen war, wurde der Tempel Ruhestätte einiger Hohenzollern. So liegen hier die erste Gemahlin Wilhelms II., Kaiserin Auguste Viktoria (verstorben 1921), und seine zweite Frau Hermine (verstorben 1947).

Das klassizistische *Schloss Charlottenhof* (1826–29 von Schinkel) erinnert an römische Villenbauten aus der Antike. Im italienischen Stil wurde auch die *Fasanerie* (1843 von Persius) erbaut. Eine klassizistisch-romantische Gebäudegruppe bilden die *Römischen Bäder* (1829 bis 1840), die niemals Bäder waren, sondern stets als museale Stätte dienten. Schinkel hatte seine liebe Not, die einzelnen Bauten zu einem harmonischen Komplex zusammenzufügen, denn ständig hatte der Bauherr neue Wünsche.

Das *Chinesische Haus* (1754 bis 1857 von Büring) schmücken vergoldete, lebensgroße Chinesenfiguren, die zu den Hauptleistungen des friderizianischen Rokoko zählen. Wer genau hinschaut, wird aber feststellen, dass es sich nicht um Chinesen, sondern um theatralisch verkleidete, langnasige Europäer handelt. Der Ökonomieweg führt zur *Friedenskirche* (1844–54 von Persius) mit der Gruft für Friedrich Wilhelm IV. und seine Gemahlin.

Insider Tipp

An der Nordseite des Atriums steht das *Mausoleum* (1888 bis 1890 von Julius Raschdorff) für den 99-Tage-Kaiser Friedrich III. und seine Frau. Der Friedensteich vor der Kirche ist künstlich angelegt. Am *Grünen Gitter* (1850) können Sie den Park verlassen. Wer die in ihm stehenden Skulpturen gezählt hat, müsste auf etwa 400 gekommen sein. *Bus X15, 695*

Insider Tipp

Staudengärtnerei Foerster **[113 D3]**

Der historische Hausgarten von Karl Foerster (1874–1970), einem der bedeutendsten Gartengestalter und Staudenzüchter des 20. Jhs., ist seit der Bundesgartenschau 2001 wieder öffentlich zugänglich. Foerster hatte den rund 6000 m² großen Garten ab 1912 in Bornim angelegt. Der Potsdamer Ehrenbürger züchtete mehr als 600 Stauden und verfasste mehrere Gartenbücher. Aus seinem »Züchtungs- und Forschungsbetrieb winterharter Blütenstauden«, der von der DDR 1972 verstaatlicht wurde, ist die Foerster-Stauden GmbH hervorgegangen. *Tgl. 9 Uhr bis Einbruch der Dunkelheit, Am Raubfang 6, Bus 692*

Wissenschaftspark Albert Einstein **[107 E–F 5–6]**

Der *Große Refraktor* von 1899 sowie der 20 m hohe *Einsteinturm,* der seit seiner Eröffnung 1924 weltweit als einer der originellsten und wichtigsten Bauten des 20. Jhs. gilt, sind die markantesten Bauwerke des Wissenschaftsparks auf dem Telegrafenberg. Im Refraktor soll nach dem Ende der Sanierung ab 2006 wieder die Beobachtung durch das viertgrößte Linsenteleskop der Welt möglich sein. *Wissenschaftspark tgl. 8–18 Uhr, Innenbesichtigung des Einsteinturms nur Nov.–Feb. jeden 1. Sa im Monat 10 Uhr im Rahmen von Führungen, Info Tel. 29 17 41 (Urania), www.urania-potsdam.de, Bus 693*

PLÄTZE

Alter Markt **[107 F3]**

Er war Potsdams baukünstlerisches Zentrum mit Stadtschloss, Rathaus und Nikolaikirche – bis zu seiner Zerstörung im April 1945. Wo das 1959/60 abgetragene Barockschloss stand, fahren heute Autos und Straßenbahn. Festlicher Eingang zum Schloss war das *Fortunaportal,* dessen Wiederaufbau 2002 mit dem Aufsetzen der vergoldeten Namensgeberin abgeschlossen wurde. Der zum Schloss gehörende Lustgarten war mehrmals umgestaltet worden. Anhand von 300 Jahre alten Zeichnungen wurde nun der so genannte *Neue Lustgarten* geschaffen.

Die *Nikolaikirche,* ein bedeutendes Bauwerk des Klassizismus, beherrscht nach dem 1981 vollendeten Wiederaufbau den Alten Markt. Das *Alte Rathaus* an der Ostseite ist mit dem benachbarten *Knobelsdorffhaus* durch einen Zwischentrakt verbunden, der das im Zweiten Weltkrieg zerstörte Haus des Bäckermeisters Windelband ersetzt. Der 20 m hohe *Obelisk* stammt von Knobelsdorff. Den Schaft zierten einst vier Bildnismedaillons von Kurfürsten und Königen. 1978/79 wurde der baufällig gewordene Obelisk neu aufgebaut, statt der Hohenzollernbildnisse bekam er die von prominenten Potsdamer Baumeistern: Knobelsdorff, Gontard, Schinkel, Persius.

Das *Theaterhaus* (1993/94) entstand als Provisorium, weil das bisherige Theatergebäude baupolizeilich gesperrt werden musste. »Blechbüchse« nennen die Potsdamer den hellhörigen Behelfsbau. *Straßenbahn 90, X98, 92, 93, 96, Bus 695*

Neuer Markt **[107 E3]**
Der im 17. Jh. planmäßig angelegte Platz wurde in den letzten Jahren wieder schön hergerichtet. Auch das Haus Nr. 1, in dem 1767 vermutlich Wilhelm von Humboldt geboren wurde und in dem der spätere König Friedrich Wilhelm II. wohnte. 1770 kam hier der spätere König Friedrich Wilhelm III. zur Welt, der als Einziger aus dem Hause Hohenzollern Potsdam als Geburtsort angeben konnte. 1833 zog das königliche Kabinett ein – daher die Bezeichnung *Kabinetthaus.*

Hofzimmermeister Johann Georg Brendel, der an bekannten Bauwerken in und um Potsdam mitgewirkt hatte, lebte um 1770 im Haus Nr. 2. Seine Initialen »J. G. B.« sind auch heute noch im schmiedeeisernen Rokokogeländer der Freitreppe zu sehen. Das Haus in der Platzmitte – heute ein Restaurant – war die städtische Ratswaage.

Den triumphbogenähnlichen Eingang zum ehemaligen *königlichen Kutschstall* bekrönt eine Quadriga. Modell für den Wagenlenker soll der Leibkutscher Friedrichs II., Johann Georg Pfund, gestanden haben. Im Kutschstall hat das neue Haus der Brandenburgisch-Preußischen Geschichte sein Domizil bekommen. *Straßenbahn 90, 92, 93, 96, X98, Bus 695*

Platz der Einheit **[107 E3]**
Als eines der Buga-Projekte erfuhr der Platz eine Neugestaltung. Integriert wurden das nach 1945 gebaute Mahnmal für antifaschistische Widerstandskämpfer und das Denkmal für den unbekannten Deserteur, das die Partnerstadt Bonn nach der Einheit gestiftet hatte.

Früher stand neben dem neubarocken Hauptpostamt die jüdische Synagoge, die von den Nationalsozialisten in der Pogromnacht 1938 zerstört wurde. An sie erinnert eine Gedenktafel am Haus Nr. 1. An der Nordseite öffnete 1997 das Einkaufs- und Bürohaus *Wilhelmgalerie. Straßenbahn 90, 92, 93, 96, X98*

STADTTORE

Brandenburger Tor **[107 D2]**
Das römischen Triumphbogen ähnelnde, 1770 erbaute Tor hat zwei

Baumeister und deshalb auch zwei Gesichter. Carl von Gontard entwarf im Auftrag von Friedrich II. die Stadtseite, sein Schüler Georg Christian Unger die Feldseite. Die beiden seitlichen Durchgänge für Fußgänger gibt es erst seit 1843. *Luisenplatz, Straßenbahn 94, 96, Bus 695*

Jägertor **[107 E2]**
Das bescheidene Tor von 1733 ist das älteste Potsdams. Bis heute wird gerätselt, wer die Jagdszene aus Sandstein auf der Attika geschaffen haben könnte. *Hegelstr., Bus 692, 695*

Nauener Tor **[107 E2]**
Friedrich II. lieferte Johann Gottfried Büring 1755 die Skizze für das Tor, das etwa hundert Jahre später unter dem Einfluss der englischen Neugotik verändert wurde. Es ist vermutlich das früheste Bauwerk dieser Art auf dem europäischen Kontinent. Seit der jüngsten, 1996 beendeten Restaurierung zeigt sich das Tor nicht mehr im gewohnten Preußisch-Ocker, sondern in Steingrau, was heftige Diskussionen auslöste. Die Denkmalpfleger beharrten aber auf ihrem Standpunkt, so sei der Anstrich im 19. Jh. gewesen. *Friedrich-Ebert-Str./Hegelallee, Straßenbahn 91, 92, 95, Bus 692*

Nicht nur Berlin, auch Potsdam hat sein Brandenburger Tor

STADTVIERTEL

Babelsberg **[108–109 B–F 1–6]**
Kaiser Wilhelm I. machte den Ort bekannt, weil er sich als Prinz auf dem Babelsberg ein Schloss errichten ließ. Später waren es Greta Garbo, Marlene Dietrich, Hans Albers und andere Stars, die in den Babelsberger Filmstudios vor der Kamera agierten. Den stimmungsvollen *Weberplatz* ziert die von Johann Boumann vor 250 Jahren erbaute *Friedenskirche.* In der Nähe des S-Bahnhofes Babelsberg steht das ehemalige backsteinerne *Rathaus* mit Turm. Am lang gestreckten Griebnitzsee in Neu-Babelsberg entstanden Ende des 19., Anfang des 20. Jhs. prachtvolle Villen für Bankiers, Industrielle und Künstler. *Straßenbahn 94, 95, Bus 690, 694, 699, S-Bahn*

Berliner Vorstadt **[104 A–B 5–6]**
Seit einigen Jahren ist es wieder eine Freude, durch Potsdams Nobelvorstadt zwischen Havel, Heiligem und Tiefem See zu spazieren. Bis 1989 lag sie im Schatten der Berliner Mauer, die Bauwerke boten einen unerfreulichen Anblick. 1795 hatte Friedrich II. den Ausbau der heutigen Berliner Straße zur ersten preu-

ßischen Kunststraße befohlen. In späteren Jahrzehnten ließen sich hier vornehmlich Adelige und Großindustrielle nieder. So Hofmarschall Karl von Schöningen, der sich eine große, zweigeschossige Villa (1843 bis 1845) an der Berliner Straße/ Ecke Schwanenallee, die so genannte »Turmvilla«, erbauen ließ.

Wie einst wählen sich auch heute Betuchte die Berliner Vorstadt als Wohnsitz. Modedesigner Wolfgang Joop kaufte die Villa Seestraße 35, in der zu DDR-Zeiten die Britische Militärmission residierte, und Fernsehmoderator Günther Jauch ließ sich das Haus in der Seestr. 39 erbauen. *Straßenbahn 93, Bus 116*

Brandenburger Vorstadt **[106–107 C2–4]**

Ende des 18. Jhs. besaß hier Friedrich Wilhelm I. eine der zahlreichen Meiereien, in der er acht ostfriesische Kühe hielt, die frische Milch für den Hof lieferten. Die Bebauung in dem Gebiet zwischen Brandenburger Tor, Park Sanssouci und Havel begann nach 1870. Rückgrat bildet die nach Brandenburg führende Zeppelinstraße. Vom ehemaligen Landeplatz für Luftschiffe ist nichts erhalten. Die neogotische *Erlöserkirche* entstand 1896–1898. Touristischer Anziehungspunkt ist das einer maurischen Moschee nachgebildete *Dampfmaschinenhaus* von Sanssouci an der Neustädter Havelbucht.

Kiewitt heißt eine südöstlich der Zeppelinstraße in die Havel vorspringende Landzunge, deren erste Häuser 1936 und deren letzte 1973 entstanden. Von hier aus tuckert eine Insider Tipp kleine Fähre über die Havel zur Insel Hermannswerder, die der Judengraben vom Festland trennt. *Straßenbahn 94, 96, Bus X15, 695*

Nauener Vorstadt **[103 E–F 4–6]**

Die ganze Pracht und Vielfalt, die die Architektur Ende des 19. Jhs. bot, ist hier zu sehen. Das Gebäude der *Stadtverwaltung* (Friedrich-Ebert-Str. 79–81) entstand im neubarocken Stil, im italienischen Villenstil das in einem Garten liegende *Haus des Hofgärtners* (Friedrich-Ebert-Str. 83). Frühklassizistisch präsentiert sich die von Baumeister Boumann entworfene *Villa der Gräfin Lichtenau* (Behlertstr. 31), der Geliebten von Friedrich Wilhelm II. Ein Stück Russland hielt mit der *Kolonie Alexandrowka* am nördlichen Ende der Friedrich-Ebert-Straße Einzug. *Straßenbahn 92, 95, 90, Bus 692*

Zweite Neustadt **[107 D–F2]**

Auf dem Reißbrett wurden 21 Karrees abgesteckt und innerhalb von nur zehn Jahren planmäßig 584 Häuser erbaut. Friedrich Wilhelm I. hatte 1732 den Befehl zu dieser zweiten barocken Stadterweiterung gegeben, kurz »Zweite Neustadt« genannt, denn der Soldatenkönig brauchte Quartier für seine Soldaten. Die Ledigen mussten in den noch heute vielfach vorhandenen, in der Mittelachse ausgebauten Giebelstuben untergebracht werden. Der plastische Schmuck zahlreicher Häuser weist auf die einstigen Besitzer hin. Glanzpunkt der Zweiten Neustadt ist das aus vier Karrees bestehende *Holländische Viertel*. *Straßenbahn 90, 92, 94,95, 96, X98, Bus 692*

STRASSEN

Dortustraße **[107 E2–3]**

Prachtvoll präsentiert sich in der Dortustraße die Nr. 36: das ehemalige Militärwaisenhaus. Nicht minder eindrucksvoll die Bauten Nr. 30–34, errichtet für den Rechnungshof des deutschen Reiches. Die Häuser Nr. 26–29 hat Georg Christian Unger Ende des 19. Jhs. entworfen. An der Ecke zur Yorckstraße steht seit 1991 die Nachbildung des Glockenspiels der Hof- und Garnisonkirche, die in der Nähe ihren Platz hatte. Der bedeutendste barocke Sakralbau Preußens brannte 1945 aus. Als letzter Teil der Ruine wurde 1968 der Turmstumpf gesprengt. In den nächsten Jahren soll die Kirche originalgetreu wieder aufgebaut werden. Das barocke Bauwerk, so steht es in einem Aufruf zu einer weltweiten Hilfsaktion, ist als offene Stadtkirche sowie als Zentrum für Frieden und Versöhnung gedacht.

Die Straße trägt den Namen des wegen seiner Teilnahme an der Revolution 1848 hingerichteten Max Dortu. An seinem Geburtshaus Nr. 28 steht auf einer Gedenktafel: »Kämpfer und Opfer für Deutschlands Einheit und Freiheit«. *Straßenbahn 94, 96, Bus X15, 695*

Lindenstraße [107 E2–3]

Hier gibt es eine fast noch vollständige Bebauung aus der zweiten barocken Stadterweiterung: Die Häuser Nr. 1–22 entstanden 1734 bis 1738 als zweigeschossige Typenbauten. Die Einheitlichkeit ging aber in den vergangenen 250 Jahren durch Um- und Anbauten vielfach verloren. Haus Nr. 25 war Lazarett des Regiments der Leibgarde, zwei Sandsteinfiguren mit Szenen der Krankenpflege verweisen auf die einstige Bestimmung. Die Häuser Nr. 28, 29 und 35–39 dienten als Kaserne. Im Haus Nr. 44 wohnten die Gebrüder Räntz, Bildhauer aus Bayreuth. Sie haben den reichen Figurenschmuck am Neuen Palais und den Communs mitgeschaffen. Offensichtlich blieb den beiden noch genügend Zeit für die reiche Bauornamentik ihres Hauses. Im Haus Nr. 54/55 befand sich zu DDR-Zeiten die Untersuchungshaftanstalt der Potsdamer Staatssicherheit, mit bitterem Zynismus »Lindenhotel« genannt. *Straßenbahn 94, 96, Bus, X15, 695*

Imposante Architektur des 19. Jhs.: Militärwaisenhaus in der Dortustraße

KINO

Blick in die Königsgemächer

Kostbarkeiten aus Kunst, Kultur und Geschichte

Wer nach Potsdam kommt, eilt zum Schloss Sanssouci. Das weltberühmte Sommerdomizil von Friedrich II. nicht besucht zu haben bedeutet für die meisten offensichtlich, nicht in Potsdam gewesen zu sein. Alle zwanzig Minuten beginnt eine Führung. Höchstens 1800 Besucher dürfen aus denkmalpflegerischen und restauratorischen Gründen täglich in Filzpantoffeln über den originalen Parkettboden schlurfen. In den Ferienmonaten sind oft schon in den Mittagsstunden alle Eintrittskarten für den Tag verkauft. Nur zeitiges Kommen sichert also Karten, die Kasse öffnet um 9 Uhr. Mancher, der sich nach der 40-minütigen Führung die Filzpantoffeln abstreift, ist ein wenig enttäuscht: Anderswo – in Potsdams repräsentativem Neuen Palais beispielsweise – hat er schon wesentlich mehr zu sehen bekommen.

Wenn Sie auch die Wohnung Friedrichs II. im Südflügel besichtigen möchten, können Sie an einer Insider Tipp Sonderführung teilnehmen *(April bis Okt. Sa–Do 11 und 14 Uhr, maximal 20 Personen pro Führung).* Eine Wohnung für Königin Elisabeth Christine existiert nicht, weder im Neuen Palais noch im Schloss Sanssouci. Friedrich II. hatte seine Gemahlin in das Berliner Schloss Niederschönhausen abgeschoben.

Kein Kunst-, sondern ein Geschichtsmuseum ist das jüngste der Hohenzollernschlösser: Schloss Cecilienhof im Neuen Garten. In dem Fachwerkbau wurde 1945 das »Potsdamer Abkommen« unterzeichnet.

Das *Besucherzentrum der Stiftung Preußische Schlösser und Gärten Berlin-Brandenburg* befindet sich an der Historischen Mühle **[111 E3]** *(März–Okt. tgl. 8.30–17, Nov.–März tgl. 9–16 Uhr, www.spsg.de, Tel. 969 42 00, Fax 969 41 07).* Kostenpflichtige Parkplätze gibt es hinter dem Besucherzentrum und beim Neuen Palais.

Das Filmmuseum mit eigenem Kino dokumentiert die großen Momente deutscher Filmgeschichte

Ausstellungshaus Benkertstraße **[107 E2]**
Vorgestellt wird die Geschichte dieses Hauses und des historischen Stadtquartiers. Die Ausstellung »Facetten der Stadt« im Obergeschoss präsentiert vornehmlich Gemälde und historische Fotografien aus der Sammlung des Stadtmuseums. *Sa–Do 10–18 Uhr*

Chinesisches Haus: Im 18. Jh. lagen ostasiatische Stilelemente voll im Trend

Bildergalerie **[111 F3]**
Friedrich II. hatte in Europa Bilder einkaufen lassen, doch als er sie in der Kleinen Galerie in Schloss Sanssouci aufhängen wollte, stellte er fest: Das Schloss ist zu klein. So entstand in der Nachbarschaft die Bildergalerie – das erste außerhalb eines Schlosses befindliche Museumsgebäude Europas zur Aufbewahrung von Gemälden. Der festlich wirkende Innenraum gilt als einer der schönsten Museumsräume in ganz Deutschland. An der den Fenstern gegenüberliegenden Nordwand hängen wie zu Zeiten Friedrichs II. 124 Gemälde in dichter Reihung übereinander.

Im westlichen Flügel befinden sich die Werke der italienischen, im östlichen die der flämischen Meister, im Kuppelbau und im kleinen Kabinett Gemälde von Künstlern verschiedener Schulen. Glanzpunkt der Gemäldegalerie: »Der ungläubige Thomas« von Caravaggio. Potsdam besitzt das Original des weltbekannten Bildes, von dem es viele Kopien gibt. Nicht minder wertvoll sind »Die vier Evangelisten« von Peter Paul Rubens, die seit 1763 in der Galerie hängen. Aus Sammlungen anderer Schlösser, so dem Potsdamer Stadtschloss, wurde der Bestand im Stil Friedrichs II. aufgefüllt. *Mitte Mai–Mitte Okt. Di–So 10–17 Uhr, Park Sansscouci, Bus X15, 695*

Botanischer Garten **[110 C3]**
Ein faszinierendes Museum der Natur! Im *Nutzpflanzenhaus* wächst die Papyrusstaude, aus deren Stängelmark die Ägypter vor 5000 Jahren Papier hergestellt haben. Der auf Java beheimatete Riesenbambus im Palmenhaus kann am Tag bis zu einem halben Meter in die Höhe schießen. Magische Anziehungskraft auf Besucher haben die Früchte der riesigen Bananenstauden. Es lohnt aber nicht, in einem unbeaufsichtigten Augenblick danach zu grapschen – sie sind ungenießbar, im Inneren fast völlig von Samen ausgefüllt. Im *Sukkulentenhaus* werden 800 verschiedene Kakteenarten kultiviert.

Insgesamt sind in den Schauhäusern 4300 tropische und subtropische Pflanzen zu sehen, im neuen Palmenhaus wachsen etwa 20 verschiedene Palmenarten aus allen Kontinenten. Und in den Freilandanlagen gedeihen nochmals rund 5000 Pflanzenarten.

Insider Tipp Eine Augenweide bietet der Rhododendronhang: Die Blütezeit beginnt im März und endet Mitte Juni. Der heute zur Universität Potsdam gehörende Botanische Garten ging aus dem »Terrassenquartier« der Hofgärtnerei von Sanssouci hervor. *Gewächshäuser: April–Sept. tgl. 9.30–17, Okt. bis März 9.30–16 Uhr, Freilandanlagen: Mai–Sept. 7–21, Okt., April 7–18, Nov.–März 9.30–16 Uhr, Maulbeerallee 2, www.bio.uni-potsdam.de/botgar, Bus 695*

Chinesisches Haus **[111 D4]**

Im Inneren des prachtvollen Hauses wird japanisches und chinesisches Porzellan gezeigt. Zu den ältesten Stücken gehört eine Schale mit blauer Unterglasmalerei aus der späten Ming-Dynastie (16./17. Jh.), zu sehen im untersten Fach des linken Kabinetts. Der freundlich lächelnde Dickbauchbuddha in der Etagere I stammt aus der berühmten Meißner Porzellanmanufaktur, 1762 wurde er hergestellt. *Mitte Mai–Mitte Okt. Di–So 10–17 Uhr, Park Sanssouci, Bus X15, 695*

Damenflügel **[111 E3]**

Der Westflügel von Schloss Sanssouci bildet eine Einrichtung für sich. Die für Hofdamen (im Erdgeschoss) und Kavaliere (im Obergeschoss) eingerichteten Räume vermitteln ein Bild höfischer Wohnkultur zwischen Biedermeier und Gründerzeit. Die Möbelgarnitur im ersten Kavalierzimmer stammt aus dem Potsdamer Stadtschloss. Königin Elisabeth, die Gemahlin Friedrich Wilhelms IV., bekam sie 1850 als Geburtstagsgeschenk vom Zarenhof. Wer wissen möchte, wie die Königin aussah, sollte auf zwei Gemälde in diesem Raum achten:

MARCO POLO Highlights »Museen«

★ **Filmmuseum**
Geschichte der weltbekannten Filmstadt Babelsberg (Seite 42)

★ **Marmorpalais**
Das Lieblingsschloss von König Friedrich Wilhelm II. mit dem orientalischen Zeltzimmer (Seite 43)

★ **Neues Palais**
Mehr als 200 Repräsentations- und Wohnräume (Seite 44)

★ **Schloss Cecilienhof**
Hier besiegelten Truman, Attlee und Stalin die Teilung Deutschlands (Seite 45)

★ **Schloss Charlottenhof**
Versilberte Möbel im Landhaus des späteren Königs Friedrich Wilhelm IV. (Seite 46)

★ **Schloss Sanssouci**
Das berühmte Sommerschloss Friedrichs II. auf dem Weinberg (Seite 47)

Nicht maurische Moschee, sondern Pumpwerk: das Dampfmaschinenhaus

Eins zeigt sie vor Schloss Sanssouci, das andere vor dem Berliner Stadtschloss. *Mitte Mai–Mitte Okt. nur Sa/So 10–17 Uhr, Park Sanssouci, Bus X15, 695*

Dampfmaschinenhaus **[111 F5]**
Was wie eine maurische Moschee mit Minarett aussieht, entstand vor rund 150 Jahren als Pumpwerk für die Fontänen der Gartenanlagen von Sanssouci. Seit 1985 ist das Dampfmaschinenhaus ein technisches Museum. Herzstück bildet die in der berühmten Werkstatt von August Borsig gebaute 80-PS-Zweizylinderdampfmaschine, die bis zum Jahr 1893 in Betrieb war. Sie pumpte stündlich 220 m^3 Wasser zu dem 1500 m entfernten Hochbehälter auf dem Ruinenberg. Die Ornamente der gusseisernen Teile der Maschinenanlage ähneln denen der Kathedrale im spanischen Córdoba. *Mitte Mai–Mitte Okt. nur Sa/So 10–17 Uhr, Zeppelinstr. 176 (Neustädter Havelbucht), Straßenbahn 94, 96*

Filmmuseum **[107 E3]**
★ »Babelsberg – Gesichter einer Filmstadt« nennt sich die Dauerausstellung des Museums. In ihr sind Raritäten zu sehen, beispielsweise die Schulbank aus dem Heinz-Rühmann-Film »Die Feuerzangenbowle« von 1944, das Exposé des ersten Defa-Films »Die Mörder sind unter uns« mit Hildegard Knef von 1946 und die Perücke des Defa-Indianerstars Gojko Mitic, die er im Film »Spur des Falken« von 1968 trug. Viel Platz wird den Stars eingeräumt. In den Babelsberger Ufa- (ab 1921) und Defa-Ateliers (ab 1946) standen zum Beispiel Marlene Dietrich, Paul Wegener, Heinz Rühmann, Manfred Krug und Angelika Domröse vor den Kameras. Aus der filmtechnischen Sammlung zeigt das Museum den Doppelprojektor »Bioskop«.

Zum Filmmuseum gehört ein Kino, das anspruchsvolle zeitgenössische und historische Filme zeigt. *Tgl. 10–18 Uhr, Breite Straße (im*

Marstall), www.filmmuseum-potsdam.de, Straßenbahn 90, 92, 93, 96, Bus 695

Gedenkstätte Lindenstraße **[107 E2]**
Während des Zweiten Weltkrieges schleppten die Nazis politische Gefangene in das Haus, danach quälten hier der sowjetische Geheimdienst NKWD und ab 1952 die Staatssicherheit der DDR unzählige Menschen. Zu sehen sind der Zellentrakt, die beiden Gefängnishöfe und eine Ausstellung zur Geschichte der politischen Justiz. *Di, Do und Sa 9–17 Uhr, Lindenstr. 54, Straßenbahn 94, 96, Bus X15, 695*

Haus der Brandenburgisch-Preußischen Geschichte **[107 E3]**
Die ständige Ausstellung »Land und Leute, Geschichten aus Brandenburg-Preußen« unternimmt eine erlebnisreiche Reise durch 900 Jahre Landesgeschichte. Rund 400 originale Objekte sowie Fotos, Filme und interaktive Multimediastationen erzählen in neun Kapiteln von der bewegten und bewegenden Vergangenheit Brandenburg-Preußens. *Di–So 10–18, Mi 10–20 Uhr, Am Neuen Markt (im Kutschstall) www.hbpg.de, Straßenbahn 90, 92, 93, 96, X98, Bus 695*

Historische Mühle **[111 E3]**
Seit 1993 dreht sich wieder das mächtige Flügelkreuz der Windmühle von Sanssouci, die 1945 abgebrannt war. Außen wie innen gleicht das neu errichtete Bauwerk seiner Vorgängerin. Das Original war 1787–90 entstanden. Bis 1861 arbeitete sie, danach ging die Mühle in königlichen Besitz über und wurde Besichtigungsobjekt. Auf drei Etagen gibt das Mühlenmuseum Einblick in die brandenburgische Mühlengeschichte. Zu besichtigen sind auch die zwei rekonstruierten Mahlgänge der Mühle. Von der Aussichtsplattform in 11 m Höhe bietet sich ein weiter Blick. *April–Okt. tgl. 10–18, Nov. bis März Sa/So 10–16 Uhr, Maulbeerallee/An der Orangerie, Bus 695*

Jan-Boumann-Haus **[107 E2]**
Das 1735 erbaute Holländerhaus wurde originalgetreu restauriert und zum Museum für das Holländische Viertel. Sie bekommen hier einen Eindruck von der Innenarchitektur holländischer Häuser des 18. Jhs. *Tgl. 11–18 Uhr, Mittelstr. 8, Straßenbahn 90, 92, 95, Bus 692*

Marmorpalais **[104 A5]**
★ In dem Palais am Ufer des Heiligen Sees, dem Lieblingsschloss von König Friedrich Wilhelm II., sind nach jahrelanger Zweckentfremdung wieder kostbare Kunstwerke zu bewundern. Die Sammlung des bläulichen Wedgewood-Porzellans gehört in Umfang und Qualität zu den bedeutendsten außerhalb Englands. Im Obergeschoss, wo sich die Räume zu einem Rundgang um die zentrale Marmortreppe gruppieren, bildet das orientalische *Zeltzimmer* einen Höhepunkt. *April bis Okt. Di–So 10–17, Nov.–März nur mit Führung Sa/So 10–16 Uhr, Neuer Garten, Bus 692*

Museum Alexandrowka **[103 E5]**
Die Räume wurden wieder in der ursprünglichen Form und Farbe hergerichtet und vermitteln so einen Eindruck von der einstigen

Innenausstattung der Holzhäuschen der Russischen Kolonie. Informiert wird über die Geschichte der Kolonie von den Anfängen bis zur Gegenwart. *Di–So 10–18 Uhr, Alexandrowka 2, Straßenbahn X91, 92, Bus 697*

Naturkundemuseum **[107 E3]**

Insider Tipp

Die 17 Süßwasseraquarien im historischen *Ständehaus der Zauche* gehören zur Ausstellung »Fische Brandenburgs«. Die zeigt die Vielfalt der heimischen Gewässerfauna wie Fische, Krebse und Muscheln. Größter Fisch ist ein 1,5 m langer Wels. *Di–So sowie jeden 1. Mo im Monat 9–17 Uhr, Breite Str. 13, Bus 695*

Neues Palais **[110 A3–4]**

★ Unzählige Schnecken und Muscheln schmücken mit über 20 000 Mineralien und Versteinerungen den als Grotte gestalteten *Gartensaal*. Er gehört zu den etwa 60 zu besichtigenden Räumen, die mit Möbeln, Porzellan und Kunsthandwerk ausgestattet sind. Die etwa 300 Gemälde im Neuen Palais haben vornehmlich italienische, niederländische und französische Künstler geschaffen. Hauptsaal des Schlosses war der *Marmorsaal* im Obergeschoss, gestaltet von Gontard. Die in Form und Gestalt französischen Spiegelgalerien ähnelnde *Marmorgalerie* im Erdgeschoss diente als Speisesaal. *April–Okt. Sa–Do 9–17, Nov.–März nur mit Führungen 9–16 Uhr, Park Sanssouci, Bus 695*

Orangerieschloss **[111 D3]**

Die Sala Regia im römischen Vatikan diente als Vorbild für den *Raffaelsaal* im Mittelbau. In ihm sind 48 Kopien nach Gemälden des

Wie ein Traum aus 1001 Nacht

Dank großzügiger Spenden konnte in Potsdam manch Wertvolles wieder hergestellt werden

Friedrich Wilhelm II. ließ sich um 1790 im Marmorpalais ein orientalisches Zeltzimmer einrichten, denn der König mochte die türkische Kultur. In seiner Bibliothek standen sogar ein Wörterbuch und eine Grammatik der türkischen Sprache. Nach dem Zweiten Weltkrieg ist der größte Teil des Zeltzimmers verloren gegangen, denn die Sowjets nutzten das Palais fast zwei Jahrzehnte als Offizierskasino, danach wurde es DDR-Armeemuseum. Eine Spende der Cornelsen-Kulturstiftung ermöglichte es, das Zimmer zu rekonstruieren, das mit blau-weiß gestreiften Zeltbahnen, Draperien aus leopardenfellartig gemusterter Seide sowie schwarz-weißen Straußenfedern wie ein Traum aus 1001 Nacht anmutet. Mit großzügigen Spenden aus Industrie und Handel konnte in Potsdam auch manch anderes wieder hergestellt werden, so das Belvedere auf dem Pfingstberg und das Chinesische Haus.

besonders in der ersten Hälfte des 19. Jhs. verehrten italienischen Renaissancemalers zu sehen. Die Gästezimmer, in denen die Könige von Italien und Rumänien sowie der Schah von Persien gewohnt haben, sind mit Gemälden, Plastiken und Kunsthandwerk ausgestattet, das vorwiegend von deutschen Künstlern aus der Mitte des 19. Jhs. stammt. Der Kamin im *Malachitzimmer* ist ein Geschenk des Zaren, seinen Namen bekam es von den zahlreichen aus Malachit gearbeiteten Gegenständen. Die bis vor wenigen Jahren in den Schlossführern publizierte Behauptung, das Schloss sei als Gästewohnung für den russischen Zaren Nikolaus I. (1796–1855) und seine Gemahlin Alexandra Feodorowna (1798 bis 1860) eingerichtet worden, beruhte auf einem Irrtum. *Mitte Mai bis Mitte Okt. nur mit Führungen Di bis So 10–17 Uhr*

In der *Turmgalerie* zeigt die Schlösserstiftung Sonderausstellungen. Von den beiden Aussichtstürmen bietet sich ein herrlicher Blick. *April–Mitte Mai Sa/So 10–17, Mitte Mai–Mitte Okt. Di–So 10–17 Uhr, Park Sanssouci, Bus 695*

Römische Bäder **[110 C5]**

Karl Friedrich Schinkel hat nicht nur die romantische Baugruppe entworfen, von ihm stammen auch die gusseisernen Möbel und die malerische Ausstattung des Atriums. Die große Wanne aus grünem Jaspis kam als Geschenk des russischen Zaren Nikolaus I. nach Potsdam. In den Fußboden des Bades ist das berühmte Alexandermosaik aus Pompeji als Kopie eingefügt. Es zeigt die Schlacht bei Issos im Jahr 333 v. Chr., in der die Griechen die Perser schlugen. Gebadet wurde in diesen Gebäuden nie, sie entstanden, weil Bäder damals in Mode gekommen waren. Die Brunnengruppe in der Mittelnische des Apodyteriums hat Werner Henschel 1846 in Rom vollendet. Porträtgemälde berühmter Künstler und Wissenschaftler des 19. Jhs. hängen im Billardzimmer. In den römischen Bädern zeigt die Schlösserstiftung überwiegend Sonderausstellungen. *Mitte Mai bis Mitte Okt. Di–So 10–17 Uhr, Park Sanssouci, Straßenbahn 96*

Schloss Babelsberg **[108 C1]**

Das Schloss ist bis auf weiteres wegen umfangreicher Sanierungsarbeiten geschlossen. Da es direkt an der Grenze zu West-Berlin lag, ließen es die DDR-Oberen baulich verkommen. Viele Jahrzehnte wurde es vom Museum für Ur- und Frühgeschichte genutzt, das erst 1999 auszog. Wenn das Schloss wieder Besucher empfängt, wird es in zahlreichen restaurierten Räumen Eindrücke aus dem Leben von Kaiser Wilhelm I. und seiner Gemahlin Augusta vermitteln, die mehr als 40 Jahre die Sommer in Babelsberg verbrachten. Der überwiegende Teil der Ausstattung hat das Paar nicht extra für das Schloss anfertigen lassen, sondern nach eigenem Geschmack erworben. *Führungen während der Sanierungsarbeiten jeden 2. und 4. So im Monat 11.00 Uhr, anmelden unter Tel. 969 43 17, Bus 694*

Schloss Cecilienhof **[104 A4]**

★ Am 2. August 1945 unterzeichneten die drei Vertreter der Siegermächte, Harry S. Truman, Josef Stalin und Clement Attlee, im Cecilienhof das »Potsdamer Abkommen«, in welchem sie über die Teilung Deutschlands entschieden. Der Konferenzsaal und die Arbeitszimmer der Delegationen sind in der ursprünglichen Form erhalten und wurden Gedenkstätte. Als das Schloss für die Konferenz ausgewählt wurde, waren Teile der Originalmöbel verschwunden. Deshalb bestückte man 36 Schlossräume mit Mobiliar aus anderen Schlössern und Potsdamer Villen. Das ehemalige Arbeits- und Rauchzimmer des Kronprinzen diente Präsident Truman als Arbeits- und Beratungszimmer. Winston Churchill richtete sich in der früheren kronprinzlichen Bibliothek ein. Allerdings konnte er die aus Schloss Babelsberg extra herbeigeschafften Möbel aus hellem Ahornholz nur wenige Wochen genießen – nach einer Wahlniederlage seiner Partei in England musste er seinem Nachfolger Attlee weichen. Stalin hatte sich den Roten Salon, das Schreibzimmer der Kronprinzessin, ausgewählt. Sein Arbeitsplatz war am Schreibtisch zwischen Fenster und Kamin.

Weit gehend unbekannt ist, dass auch sechs wieder hergerichtete Insider Tipp *Privaträume des Kronprinzenpaares* im Obergeschoss des Mittelbaus zu besichtigen sind. Die Fürstenabfindung von 1926 hatte der Kronprinzenfamilie ein Wohnrecht auf Lebenszeit eingeräumt; das erlosch allerdings, als sie vor der anrückenden sowjetischen Armee im Frühjahr 1945 das Schloss verließ und in den Westen floh. *April–Okt. Di–So 9–17, Nov.–März nur mit Führungen 9–16 Uhr; Sonderführung für die Privaträume des Kronprinzenpaares tgl. 11 und 14 Uhr, maximal 20 Personen pro Gruppe, Neuer Garten, Bus 692*

Schloss Charlottenhof **[110 C5]**

★ König Friedrich Wilhelm III. forderte immer wieder, »dass es auch ja billig käme«, denn das Schloss sollte nur dem zeitweiligen Aufenthalt des Kronprinzen, des späteren Königs Friedrich Wilhelm IV., dienen. Was in den schlichten, bürgerlich-klassizistisch gestalteten Innenräumen steht, verdient das Attribut künstlerisch wertvoll. Vieles davon hat Schinkel entworfen, so die versilberten Möbel im Schreibkabinett der Kronprinzessin, den vergoldeten Prunktisch im Speiseraum und das Springbrunnenbecken im Vestibül. Aus dem Rahmen fällt das mit weißblauem Markisenstoff abgespannte *Zeltzimmer*. Lange Zeit glaubte man, es sei dem Weltreisenden Alexander von Humboldt zugedacht gewesen. Humboldt hat, wie später der Bildhauer Christian Daniel Rauch und der Baumeister Karl Friedrich Schinkel, zwar darin gewohnt, eingerichtet wurde es jedoch für Hofdamen. *Mitte Mai bis Mitte Okt. nur mit Führungen Di–So 10–17 Uhr, Park Sanssouci, Straßenbahn 96*

Schlossküche **[111 E3]**

Im östlichen Seitenflügel von Schloss Sanssouci können Sie besichtigen, wo Majestäts Gaumenfreuden entstanden. 1842 wurde die 115 m² große Hofküche erstmals genutzt. Zubereitet wurden hier vor allem die privaten Mahlzeiten, meist für 12 bis 15 Personen, oft auch für kleinere Festlichkeiten wie die silberne Hochzeit des Königspaares. Fast das gesamte Inventar aus der Mitte des 19. Jhs.

blieb erhalten. Prunkstück ist eine große eiserne Kochmaschine. Der Kochbetrieb in Sanssouci endete 1873 mit dem Tod der Gemahlin von Friedrich Wilhelm IV., Elisabeth von Bayern. *Mitte Mai bis Mitte Okt. nur Sa/So 10–17 Uhr, Park Sansscouci, Bus X15, 695*

Schloss Neue Kammern [111 E3]

Auf der östlichen Seite sind vier Säle und auf der westlichen Seite sieben Gästezimmer zu sehen. Glanzpunkt des Rokokoschlösschens: der *Jaspissaal*, der seine Schönheit vom Kontrast des blassgrauen Marmors mit der lebhaften Zeichnung des braunroten Halbedelsteins Jaspis erhält. Im *Büfettsaal* dominiert das Prunkbüfett, allerdings nicht mehr mit Porzellan aus der Königlichen Porzellanmanufaktur Berlin. Im Zweiten Weltkrieg ging es verloren. Was heute darauf steht, hat die Keramikerin Heidi Manthey in unserer Zeit entworfen. Die Wände des *Ovidsaales* zieren vergoldete Stuckreliefs mit Darstellungen aus den »Metamorphosen« des antiken Dichters Ovid. Unter den insgesamt sieben Gästezimmern ragen zwei Intarsien- und Lackkabinette mit üppigem Blumendekor heraus. *April–Mitte Mai Sa/So 10–17, Mitte Mai–Mitte Okt. Di–So 10–17 Uhr, Park Sanssouci, Bus X15, 695*

Schloss Sanssouci [111 E3]

★ Das Schloss ist reich mit Möbeln, Gemälden, Plastiken und Porzellan vorwiegend aus dem 18. Jh. ausgestattet. Als einer der schönsten Räume des deutschen Rokoko gilt das durch Spiegel optisch geweitete *Konzertzimmer*, in dem sich Malerei, Skulptur und Kunsthandwerk zu einem Gesamtbild verbinden. Dem Konzertzimmer schließt sich das *Empfangszimmer* an, in dem die Gäste auf die Audienz beim König zu warten hatten.

In der *Bibliothek*, die im Grundriss Friedrichs Arbeitszimmer im Schloss Rheinsberg folgt, werden 2200 Bücher in den Schränken aufbewahrt, die aus dem Potsdamer Stadtschloss stammen. Der König hatte alle seine Bibliotheken – beispielsweise auch die in seinen Privatgemächern im Neuen Palais – mit den gleichen Büchern ausgestattet. Sein *Arbeits-* und *Schlafzimmer* ist der einzige Schlossraum, der nicht mehr die ursprüngliche Innengestaltung hat. Nachfolger und Neffe Friedrich Wilhelm II. ließ sich den Raum im klassizistischen Stil umgestalten. Im Alkoven, ehemals Schlafraum, steht aber wieder der Sterbestuhl des berühmtesten Hohenzollern. *Führungen April–Okt. Di–So 9–17, Nov. bis März 9–16 Uhr, Park Sanssouci, Bus X15, 695*

Schloss Sanssouci: Hier wohnte und arbeitete Friedrich II.

JAZZ
minitextil
The Original »Swiss Army Knives«

Regionale Produkte stehen hoch im Kurs

Frischer Fisch, Beelitzer Spargel, Teltower Rübchen und der »Werderaner Wachtelberg« sind die Spezialitäten Potsdams

Kräftig und würzig ist das Essen, solide Hausmannskost, aber keinesfalls einfallslos. Das beweisen die Sterne bzw. Kochlöffel, die renommierte Gastronomieführer Potsdamer Restaurants verliehen haben. Die Palette der Restaurants und Cafés in Potsdam ist groß. Jeder findet das Ambiente, in dem er sich wohl fühlt, Speisen seines Geschmacks und viele Gerichte, die auch im Preis seinem Geldbeutel zusagen. Eine eigene Potsdamer Küche gibt es nicht, aber eine regionale. Die wird geprägt von dem, was die Gegend so hergibt, das sind Fisch aus den umliegenden Seen, Beelitzer Spargel, Teltower Rübchen, Spreewälder Gurken. Und hoch im Kurs steht die Kartoffel.

Gegessen wird auch das, was typisch für Berlin ist: Kassler beispielsweise (leicht geräucherter und gepökelter Schweinsrücken), benannt nach dem einstigen Berliner Schlachtermeister Cassel in der Potsdamer Straße 15, oder Eisbein (gepökelte und gekochte Schweinehaxen).

Bei schönem Wetter immer gut besetzt: die Straßencafés auf der Brandenburger Straße

In vielen Potsdamer Gaststätten geht's gemütlich zu

»Gesuppt« wird seit jeher gern. So ist bekannt, dass Friedrich Wilhelm IV. im Mai 1846 Order gab, jeden Morgen Brunnen- und Gartenkresse, Gänseblümchen, Sauerampfer und andere Kräuter zu pflücken. Sie waren für den Naturforscher Alexander von Humboldt bestimmt, des Königs Gast. Er hatte täglich um eine Suppe mit diesen Kräutern gebeten. So viel Mühe kann sich heute kein Gastronom mehr machen. Gesuppt wird, was auch anderswo in Deutschland auf den Speisekarten steht. Aus DDR-Zeiten hat sich die *Soljanka* erhalten, die ihren Ursprung in der Ukraine hat. Gut zubereitet (mit gekochtem Schinken, Kochsalami, Gewürzgurken), hätte vielleicht sogar Humboldt für sie auf sein Kräutersüppchen verzichtet.

Gourmettempel mit feiner französischer Küche: Restaurant Juliette

Zu Ruhm gelangten die Teltower Rübchen, benannt nach einem kleinen Städtchen östlich von Potsdam. Unter dem Stichwort »Teltower Rübchen« steht im »Universal-Lexikon Kochkunst« von 1899: »Eine berühmte Zuchtform der weißen Rübe, die im Sandboden der Mark Brandenburg angebaut wird.« Das mit der Zuchtform ist arg übertrieben, denn im kargen märkischen Sandboden bleiben die Rüben winzig und bekommen dadurch ihren zarten Geschmack. Johann Wolfgang von Goethe, als Feinschmecker bekannt, probierte sie bei seinem Berlin-Besuch und ließ sich fortan regelmäßig welche mit der Postkutsche nach Weimar schicken. Zu DDR-Zeiten waren die kleinen Wurzeln mit dem pikanten Geschmack fast von der Speisekarte verschwunden, in den letzten Jahren erlebten sie eine Renaissance. Ein Verein, der über Anbau und Vermarktung wacht, hat als Kriterien festgelegt: Höchstens 2,5 cm dick und daumenlang dürfen sie sein.

Eine weitere Delikatesse in Potsdam ist der Spargel. Rund um Beelitz, fast vor den Toren von Potsdam, wächst er im märkischen Sandboden bestens. In der Spargelsaison von Mitte April bis zum 24. Juni, dem Johannistag, steht frischer Beelitzer Spargel in wohl jedem Restaurant auf der Karte. Beelitzer Spargel ist in der Region rund um Potsdam so etwas wie der Rolls Royce der Spargelsorten. Der kurze Weg vom Erzeuger bis zum Verbraucher garantiert: Was morgens in aller Frühe gestochen wurde, wird Ihnen noch am gleichen Tag serviert. Spargelessen ist in Potsdam Kult. Immer mehr Restaurants bringen den Spargel nicht mehr nur traditionell auf den Tisch (in Salzwasser gekocht mit zerlassener Butter oder Sauce hollandaise), sondern bieten verschiedene Spargelgerichte an.

Gerichte »frisch von hier und lecker« servieren die Restaurants, die das Logo *Brandenburger Teller* angebracht haben. Eine unabhängige Fachjury prüft die Gerichte. Die von ihr ausgewählten Spezialitäten dürfen ein Jahr lang auf der Speisekarte des jeweiligen Restaurants mit dem Logo ausgezeichnet werden. Garantiert wird damit die Verwendung von regionalen Zutaten und eine frische Zubereitung.

Insider Tipp

Die Potsdamer trinken mit Vorliebe Bier, das Pils aus der eigenen Stadt, aber auch das der bekannten ostdeutschen Traditionsmarken Radeberger, Wernesgrüner oder Lübzer. Im Sommer ist die Berliner Weiße beliebt, ein obergäriges, leicht säuerliches Weißbier. Man trinkt es »mit Schuss« – und dieser ist ein Schnapsgläschen Himbeer- oder Johannisbeersirup. Wer »Weiße mit Strippe« bestellt, bekommt einen Kümmel dazu.

In Werder auf dem Wachtelberg sprießen heute auf 62 000 m^2 die Reben für einen trockenen Müller-Thurgau. Damit wurde eine alte Tradition wieder belebt. Der »Werderaner Wachtelberg« ist ein milder Wein, der jung am besten schmeckt. Sollten Sie ihn im Restaurant auf der Karte finden, greifen Sie zu, denn dann können Sie Wein aus der nördlichsten »weingesetzlich erfassten Weinlage der Welt« – wie es amtlich korrekt heißt – genießen. Weinrechtlich gehört dieser Wein zum Anbaugebiet Saale-Unstrut *(www.wachtelberg.de)*.

RESTAURANTS €€€

Insider Tipp

Charlotte [107 E2]

Der Koch, dem Sie bei der Arbeit zugeschauen können, zaubert Gaumenfreuden auf die Teller. Köstlich ist die Bretonische Fischsuppe, hübsch der lauschige Innenhof. *Tgl., Mittelstr. 20, Tel. 280 54 50, Straßenbahn 90, 92, 95, Bus 692*

Fiore [107 E2]

Elegantes Restaurant mit einer feinen Küche und liebenswertem Service. *Tgl., Hegelallee 11 (im Hotel am Jägertor), Tel. 201 11 00, Bus 692, 695*

Le Bistro [107 E1]

★ Mit vielen kulinarischen Ideen und einem gut sortierten Weinangebot werden Sie hier verwöhnt. *Tgl., Jägerallee 20 (im Dorint Sanssouci), Tel. 27 40, Straßenbahn 90, 92, 95, Bus 692*

Schlossrestaurant Cecilienhof [104 A4]

Elegantes Restaurant mit dunkler Holztäfelung. Feine Küche und korrekter Service. *Tgl., Neuer Garten, Tel. 370 50, Bus 692*

RESTAURANTS €€

Gastmahl des Meeres [107 D2]

Frischer Fisch aus den märkischen Seen, darunter auch Hecht und Zander. *Tgl., Brandenburger Str. 72, Tel.*

MARCO POLO Highlights »Essen & Trinken«

★ **Le Bistro**
Vorbildlich zubereitete internationale und regionale Speisen (Seite 51)

★ **Meierei im Neuen Garten**
Potsdams beliebtester Biergarten (Seite 52)

★ **Palazzo de Persius**
Schmackhafte Pizzas und über 100 Cocktails (Seite 53)

★ **Café Heider**
Eine Institution am Rand des Holländischen Viertels (Seite 55)

Die Gourmettempel von Potsdam

Friedrich Wilhelm **[112 C4]**
Elegantes Restaurant, in dem eine vorzügliche, mediterran inspirierte und leichte Küche serviert wird. *Hauptgerichte ab 26 Euro, Mo geschl., Im Wildpark 1 (im Hotel Bayrisches Haus), Tel. 550 55 60, Bus 695*

Juliette **[107 E2]**
Feine, leichte französische Küche in einem kleinen Gourmetrestaurant, gemütlich rustikal mit Kamin eingerichtet. *Hauptgerichte ab 15 Euro, tgl., Jägerstr. 39, Tel. 270 17 91, Straßenbahn 92, Bus 694, 695, 697*

Ristorante Pino **[107 D2]**
Lichtdurchflutetes Restaurant mit wenigen Tischen, in dem vorbildlich zubereitete und angerichtete italienische Speisen serviert werden. *Hauptgerichte ab 20 Euro, mittags und So geschl., Weinbergstr. 7, Tel. 270 30 30, Bus 692, 695*

Speckers Gaststätte zur Ratswaage **[107 E3]**
Abwechslungsreiche Speisen, vorzügliche Weinkarte und angenehmer Service. *Hauptgerichte ab 15 Euro, Mo geschl., Am Neuen Markt 10, Tel. 280 43 11, Straßenbahn 94, 96, X98, Bus 695*

29 40 26, Straßenbahn 94, 96, Bus X15, 695

Historische Mühle **[111 E3]**
Das traditionelle Ausflugslokal in unmittelbarer Nähe von Schloss Sanssouci hat Möwenpick nach jahrelangem Leerstand neu belebt. Im angebauten gläsernen Palmengarten gibt es ein breites Speisenangebot. *Tgl., Zur Historischen Mühle, Tel. 28 14 93, Bus X15, 695*

Insider Tipp **Kartoffel Pub** **[109 D5]**
Mehr als 100 Gerichte von und mit der Kartoffel aus dem In- und Ausland. *Tgl., Großbeerenstr. 107, Tel. 71 01 59, Straßenbahn 690, 696*

Klosterkeller **[107 E2]**
Deutsche und internationale Küche, auf der Getränkekarte stehen mehr als 100 Wein- und Sektsorten. Durch die zentrale Lage meist gut besucht. *Tgl., Friedrich-Ebert-Str. 94, Tel. 29 12 18, Straßenbahn 90, 92, 95, Bus 692*

Meierei im Neuen Garten **[104 A4]**
★ Gasthausbrauerei direkt am Jungfernsee, Potsdams beliebtester Biergarten. In den kupfernen Braukesseln wird das »Meierei hell«, ein naturtrübes helles Bier, und ein alle vier Wochen wechselndes Spezialbier gebraut. Empfehlenswert der Potsdamer Rosenkranz (Schweinebratwurst in Zwiebel-Biersauce, Stampfkartoffeln und Rote-Beete-Gemüse). *Okt.–März Mo geschl., Tel. 704 32 12, Bus 692*

Seerose **[107 E3]**
Schöner Blick auf die Havelbucht, an warmen Sommertagen sitzen Sie angenehm auf der Seeterrasse des maritimen Restaurants, in

dem es regionale Speisen und Seemannsgerichte gibt. *Tgl., Breite Straße 24, Tel. 97 41 17, Bus 695*

Zum fliegenden Holländer [107 E2]
Mit der Rekonstruktion der historischen Gaststätte von 1883 wurde ein Stück Potsdamer Stadtgeschichte wieder belebt. Ein gemütlicher Tresen und fünf Gasträume auf zwei Etagen. *Tgl., Benkertstr. 5, Tel. 27 50 30, Straßenbahn 90, 92, 95, Bus 695*

RESTAURANTS €

Bürgerstuben [107 E2]
Kräftige märkische Küche, die »Haxe bürgerlich« und den »Märkischen Wurstteller« gibt es das ganze Jahr über, eine Delikatesse ist der Sauerbraten. *Tgl., Jägerstr. 10 (Ecke Gutenbergstraße), Tel. 280 11 09, Straßenbahn 94, 96, X98, Bus 692, 695*

Drachenhaus [110 B2]
Intime Atmosphäre in einer Pagode. Die Karte verzeichnet viele Geflügel- und Wildgerichte. *Tgl., Maulbeerallee, Tel. 505 38 08, Bus 695*

Die Else [113 D3]
Preiswerte Gerichte, das teuerste kostet 8,50 Euro. *Tgl., Potsdamer Str. 198, Tel. 0179/930 23 84, Bus 692*

Palazzo de Persius [106 C4]
★ Pizzeria, Café und Cocktailbar in einem. Viele Pizzen aus dem Holzsteinofen (Durchmesser ca. 32 cm) für nur 5 Euro. Insider Tipp Köstlich auch die Pasta-, Tapas- und Paellaspezialitäten und der frisch zubereitete Fisch. Über 100 verschiedene Cocktails. *Tgl., Zeppelinstr. 136 (am Art´otel), Tel. 909 88 13, Straßenbahn 94, 96, X98*

Russische Teestube [103 E5]
Borschtsch, Soljanka und weitere deftig-leckere Spezialitäten aus Russland. Beim »Baltika«, dem kräftigen Bräu aus St. Petersburg, sollte Zurückhaltung angesagt sein, denn der Alkoholgehalt ist höher als bei einheimischen Bieren. *Mo geschl.,*

Direkt an der Havelbucht liegt das modern gestylte Restaurant Seerose

Potsdamer Spezialitäten

Lassen Sie sich diese Köstlichkeiten gut schmecken!

Aal grün – in Stücke zerteilter und in Brühe gekochter Aal, der in einer mit saurer Sahne und gehackten Kräutern zubereiteten Soße serviert wird; dazu gehört Gurkensalat

Buletten – Hackfleischbällchen, die anderswo meist Frikadellen bezeichnet werden

Eier-Spargel-Salat – in Scheiben geschnittene Eier sowie kleine, weich gekochte Spargelstücke, Zwiebelringe und Mandarinenstückchen in einer würzigen Soße; dazu gibt es Bauernbrot und Tomaten

Eisbein – gepökelte, portionierte Schweinehaxe, die mit Sauerkraut, Erbsenpüree und Kartoffeln auf den Tisch kommt

Gedünsteter Hecht mit Meerrettich – die gedünsteten Hechtscheiben werden mit einer aus dem Sud hergestellten Meerrettichsoße sowie Petersilienkartoffeln serviert

Gefüllte Schmorgurke – vom Kernfleisch befreite Gurkenhälften, mit Gehacktem gefüllt und in siedender Brühe glasig geschmort

Gratinierte Spargel-Eierkuchen – mit Spargel gefüllter Pfannkuchen, gratiniert mit Käse und verquirlter Eigelb-Sahne-Soße

Gurkenauflauf – geschälte Gurkenwürfel, die in einer Auflaufform mit Tomaten- und Ei-Scheiben geschichtet werden; darüber befindet sich geriebener, mit Semmelbröseln gemischter Käse, der goldgelb überbacken wird

Gurkenpilze – mit einer Eier-Radieschen-Masse gefüllte, ausgehöhlte Gurke

Havelzanderschnitte Müllerinart – goldgelb gebratene, mit Zitronenscheiben angerichtete Zanderscheiben, die mit dem Bratfett, Kartoffeln und frischem Salat gereicht werden

Kartoffelsuppe – sie wird gern mit einer Bockwurst, saurer Sahne und darüber gestreuten, gerösteten Weißbrotwürfeln serviert

Käsekuchen – die Berliner sagen zu Quark meist Käse, was viele Potsdamer übernommen haben; so befindet sich auf dem Hefeteig eine schmackhafte Quarkmasse

Märkischer Schmorbraten – weich geschmortes Rindfleisch, dessen Soße mit saurer Sahne und etwas Senf zubereitet wird

Klassisch-schöne Kaffeehausatmosphäre finden Sie im Lindencafé

Alexandrowka 1, Tel. 200 64 78, Straßenbahn X91, Bus 697

Zum Garde Ulanen **[107 E1]**
Märkische Küche und angenehme Atmosphäre, im Sommer sind die Plätze im kleinen Garten begehrt. Insider Tipp *Mi geschl., Jägerallee 13, Tel. 29 12 61, Bus 692, 695*

CAFÉS

Café Heider **[107 E2]**
★ In dem seit 1878 bestehenden Kaffeehaus können Sie sich mit Spezialitäten verwöhnen lassen, wie sie schon der einstige kaiserlich-königliche Hofkonditor kreierte. Längst ist das Heider nicht mehr nur Café, sondern auch ein gutes Restaurant. Beliebt ist der üppige Sonntagsbrunch 10–14 Uhr. *Tgl. ab 8 Uhr, Friedrich-Ebert-Str. 29, Tel. 270 55 96, Straßenbahn 90, 92, 95, Bus 695*

La Maison du Chocolat **[107 E–F2]**
Kleine Köstlichkeiten, die Spezialität ist französische Trinkschokolade. Insider Tipp *Tgl., Benkertstr. 20 (Ecke Mittelstr.), Tel. 237 07 30, Straßenbahn X91, 92, 95, Bus 692*

Lindencafé **[108 C4]**
Selbst gemachtes Eis und Kuchen können Sie hier, vis-a-vis vom S-Bahnhof Babelsberg, in klassischer Kaffeehausatmosphäre genießen. Darüber hinaus werden Salate und verschiedene Pfannengerichte serviert. *Tgl., Rudolf-Breitscheid-Str. 47, Tel. 70 78 91, Straßenbahn 94, 95, Bus 690, 694*

Wiener Restaurant & Café **[107 D2]**
Nicht nur die leckeren süßen Sachen schmecken, sondern auch die warmen Gerichte. *Tgl., Luisenplatz 4, Tel. 967 83 14, Bus X15, 695*

BILDER-
STÜBCHEN
GRIENEISEN

Shopping in Innenhöfen

Zahlreiche Geschäfte verstecken sich in der City hinter Toreinfahrten

Beliebt bei den Potsdamern und den Touristen sind die kleinen Einkaufsinnenhöfe in der City. Der jüngste ist das *Luisenforum* zwischen Brandenburger- und Hermann-Elflein-Straße **[107 D2]**. Und im Karree Brandenburger-, Linden- und Hermann-Elflein-Straße entstand das aus drei aneinander grenzenden Höfen bestehende *Ladenzentrum Lindenhof* **[107 D–E2]**. Hinter den Häusern Friedrich-Ebert-Str. 88 und 89 gibt es das *Hofgarten Karree* **[107 E2]**, in dem auch der Berliner Prominentenfriseur Udo Walz eine Filiale eingerichtet hat. Von hier laufen Sie nur über die Friedrich-Ebert-Straße und sind im *Holländischen Viertel* **[107 E–F2]**, in dem sich viele kleine Geschäfte etabliert haben, die in der warmen Jahreszeit einen Teil ihres Angebots auf dem Gehweg präsentieren. Wenn Sie auf der Suche nach Antiquitäten sind, sollten Sie Ihre Schritte in die Lindenstraße **[107 E2–3]** lenken.

Das *Potsdam-Center* direkt am Hauptbahnhof **[107 F4]**, wegen dieses Komplexes hätte Potsdam beinahe seinen Status als Welterbe verloren, soll von derzeit 56 000 m^2 Laden- und Bürofläche auf fast 180 000 m^2 erweitert werden. Die Potsdamer selbst fahren gern zum Shoppen in das ★ *Stern-Center* an der Nuthe-Schnellstraße **[113 E4]**. Auf 35 000 m^2 Verkaufsfläche bieten 85 Fachgeschäfte ihre Waren an, rund 2100 Parkplätze stehen zur Verfügung.

Das Holländische Viertel mit seinen vielen kleinen Geschäften lädt zum Bummeln ein

Gurken und mehr: Floh- und Bauernmarkt am Weberplatz

Potsdam ist zurzeit die einzige deutsche Landeshauptstadt ohne ein Warenhaus in der City. Das wird sich bald ändern. Hinter der denkmalgeschützten Fassade eines seit Jahren leer stehenden Warenhausgebäudes in der Brandenburger Straße **[107 E3]** errichtet Karstadt gegenwärtig ein neues Kaufhaus, das 2005 eröffnet wird. Vom historischen Gebäude bleibt auch der

Im Krongut Bornstedt wird noch nach alter Tradition gebacken und gebraut

große Lichthof erhalten. *Ladenöffnungszeiten Mo–Fr 9.30–18 oder 20, Sa 9.30–14, 16 oder 18 Uhr*

ANTIQUARISCHES & ANTIQUITÄTEN

Jürgen Trubel **[107 D2]**
»Der mit dem roten Schaal«, das ist Jürgen Trubel. Im Angebot hat er Kunst und Krempel, Bilder und Bücher, neben Antiquarischem auch aktuelle Bestseller. Das Stöbern bereitet Vergnügen. *Luisenforum, Straßenbahn 94, 96, Bus 695*

Antiquitäten im Holländischen Viertel **[107 E2]**
Durch die Fenster ist wenig zu sehen, nur wer eintritt, kann hier fündig werden. *Benkertstr. 12, Straßenbahn 90, 92, 95, Bus 692*

KERAMIK

Königsblau Keramik **[107 E2]**
In dem kleinen flämischen Dorf Schmerwitz entstehen auf der Töpferscheibe die in Handarbeit dekorierten blauen Gefäße. *Mittelstr. 7, Straßenbahn 90, 92, 95, Bus 692*

MÄRKTE

Potsdamer Wochenmarkt **[107 F2]**
Bei den Wochenmarkthändern auf dem Bassinplatz finden Sie vor allem frisches Obst; vieles davon kommt aus dem nahen Havelland. *Mo–Fr 7–17, Sa 7–12 Uhr, Straßenbahn 90, 92, 95, Bus 692*

Floh- und Bauernmarkt **[108 C3]**
Wer Shopping unter freiem Himmel mag, frische Produkte kaufen möchte oder auch nur nach Krimskrams Ausschau halten will, der eilt samstags 8–14 Uhr zum Babelsberger Weberplatz. *Bus 694*

OPTIKER

Fielmann **[107 E2]**
Ohne Brille in Potsdam? Auch wenn Sie das gute Stück verlieren, brauchen Sie den Urlaub nicht gleich

abzubrechen. Der Brillenriese hilft. *Brandenburger Str. 47a, Straßenbahn 94, 96, Bus 692, 695*

REGIONALPRODUKTE

Krongut Bornstedt **[102 C2]**
★ Viele der im Angebot befindlichen landestypischen Produkte werden im Hohenzollern-Mustergut selbst produziert, Braunbier, Kommissbrot, aber auch Keramiken und Handgewebtes. *Ribbeckstr. 6/7, www.krongut-bornstedt.de, Straßenbahn 92, Bus 692*

SOUVENIRS

Museumsshops **[110 A3–4, 111 E3]**
Porzellan aus der Königlichen Porzellan Manufaktur Berlin steht in vielen Potsdamer Schlössern. Die Replik von manch wertvollem Stück, das dort fasziniert, wird in den Museumsshops in den Schlössern Sanssouci und Cecilienhof sowie im Neuen Palais angeboten. Zu haben sind auch Nachgüsse aus der sächsischen Kunstgießerei Lauchhammer. Der »Alte Fritz« und weitere preußische Könige und deutsche Kaiser stehen als Büste aus Hartformgips zum Kauf bereit. Der »Alte Fritz« ist auch als Zinnfigur erhältlich. Die *Freunde der Preußischen Schlösser und Gärten e. V.* betreiben diese Shops, die Erlöse kommen überwiegend der Pflege und dem Erhalt der Schlösser und Gärten zugute. *Schloss Sanssouci: Bus X15, 695; Schloss Cecilienhof: Bus 692; Neues Palais: Bus 695*

SPEZIALITÄTEN

Altes Potsdamer Tee & Gewürzkontor **[107 E3]**
Honig aus aller Welt, italienische Basilikumsoße, orientalische Gewürze, französischer Senf, über 300 Teesorten und vieles mehr. *Lindencenter, Straßenbahn 94, 96, Bus 695*

Charlotte **[107 E2]**
Terrinen und Gläser mit französischen Spezialitäten und Wein aus Frankreich. *Mittelstr. 20, Straßenbahn X91, 92, 95, Bus 692*

Choco Laden **[107 D2]**
Edle Pralinen, die in Handarbeit gezaubert werden. *Luisenforum, Straßenbahn 94, 96, Bus 695*

Weinhandlung in vino **[107 E2]**
Hier sind viele Weine kleiner Weingüter zu entdecken, und die Winzer stellen auf Veranstaltungen ihre Weine vor *(erfragen unter Tel. 280 05 01). Dortustr. 61, Straßenbahn 94, 96, 90, Bus 692*

Insider Tipp

MARCO POLO Highlights »Einkaufen«

★ **Stern-Center**
Lust zum Einkaufen durch die große Auswahl an Fachgeschäften unter einem Dach (Seite 57)

★ **Krongut Bornstedt**
Regionalprodukte: Das Angebot reicht vom Brot über Bier bis zu Keramiken und Glas (Seite 59)

Prinzensuite oder schlichte Pension

In Potsdam findet jeder ein Bett nach seiner Wunschvorstellung

Unter den gegenwärtig etwa 4000 Hotelbetten in Potsdam ist für jeden Preis und für jeden Geschmack etwas zu finden. So prägen Kunst und Design das *art'otel*, für das ein Getreidespeicher umgebaut wurde und dessen Inneres von Designerhand stammt. Wer über das nötige Kleingeld verfügt, kann auch im eleganten *Schloss Cecilienhof* nächtigen, in dem einst Kronprinz Wilhelm mit seiner Frau wohnte. Die Philosophie des *Steigenberger Hotels* dagegen: Vergessen Sie Krawatte und Kragen! Das dortige Ambiente des Amerika der 1930er- und 50er-Jahre soll Ihnen mit dunklem Holz, warmen Grüntönen und Rattansesseln ein lässiges Lebensgefühl vermitteln.

Nicht wenige Postdam-Gäste quartieren sich in einem Haus in der reizvollen Seen- und Waldumgebung ein. Die Hotels und Pensionen dort bieten ebenfalls viel Komfort, sind aber fast immer preiswerter als ein Stadthotel. Wenn Sie hier wohnen, können Sie vielfach auf den üblichen Weckruf von der Rezeption verzichten, das Wecken übernehmen zwitschernde Vögel

Potsdams beste Adresse: Schlosshotel Cecilienhof

Durchgestylt: NH Voltaire Potsdam

oder krähende Hähne. Wer einmal außerhalb von Potsdam übernachtet hat, kehrt häufig dorthin zurück. Preisbewusste nutzen das jährliche attraktive Winterangebot (Weihnachten und Silvester ausgenommen), bei dem mehrere Hotels das Doppelzimmer, meist sogar mit Frühstück, für nur 55 Euro anbieten. Oder Sie buchen ein Privatzimmer oder eine Ferienwohnung über die *Potsdam-Information (Friedrich-Ebert-Str. 5, 14476 Potsdam, Tel. 27 55 80, Fax 275 58 29)*.

Insider Tipp

HOTELS €€€

NH Voltaire Potsdam **[107 E2]**
★ Hotel für anspruchsvolle Gäste in Innenstadtlage; kleiner Wellnessbereich mit Sauna und Whirlpool unter dem Dach. *155 Zi., Friedrich-Ebert-Str. 88, Tel. 231 70, Fax*

Designhotel in Getreidespeicher und modernem Anbau: art'otel Potsdam

231 71 00, www.nh-hotels.com, Straßenbahn 90, 92, 95, Bus 692

Steigenberger Hotel Sanssouci **[107 D2]**
Im angloamerikanischen Flair der 1930er- und 50er-Jahre. In den Zimmern erinnern Fotos an die große Zeit des Kinos, jedoch nicht an Hollywood, sondern an die Ufa- und Defa-Zeiten. Nur wenige Gehminuten zum Park von Sanssouci. *137 Zi., zum Teil mit Terrasse, Allee nach Sanssouci 1, Tel. 909 10, Fax 909 19 09, www.steigenberger.com, Straßenbahn 94, 96, X98, Bus 695*

HOTELS €€

Am Griebnitzsee **[109 F3]**
Hell und freundlich, direkt am Griebnitzsee. Ruhig wohnen Sie in den etwas teureren Zimmern zur Seeseite. *88 Zi., Rudolf-Breitscheid-Str. 190–192, Tel. 709 10, Fax 70 91 11, www.seminaris.de/babelsberg, Bus 694, 696, S-Bahn*

Am Luisenplatz **[107 D2]**
Kleines, privat geführtes 4-Sterne-Hotel garni mit 25 elegant eingerichteten Zimmern. *Luisenplatz 5, Tel. 97 19 00, Fax 971 90 19, www.hotel-luisenplatz.de, Straßenbahn 94, 96, Bus X15, 695*

An der Rennbahn **[109 D3]**
Familiär geführtes Haus mit Sauna/Solarium. *14 Zi., Lessingstr. 35, Tel. 74 79 80, Fax 747 98 18, www.hotel-adr.de, Straßenbahn 94, 95, Bus 694*

art'otel Potsdam **[106 C4]**
★ Kunst- und Designhotel in einem alten Getreidespeicher, der einen modernen Anbau bekam. Die Innenausstattung stammt vom englischen Stardesigner Jasper Morrison, in den Zimmern hängen eigens für das Hotel entworfene Werke von Katharina Sieverding: ein Hotelaufenthalt als Kunsterlebnis. *123 Zi., Zeppelinstr. 136, Tel. 981 50, Fax 981 55 55, www.artotel.de, Straßenbahn 94, 96*

Ascot Bristol **[113 E4]**
Das erste völlig barrierefreie Hotel im Bundesland Brandenburg bietet großzügig geschnittene Zimmer mit wohnlicher Atmosphäre. *95 Zi., Asta-Nielsen-Str. 2, Tel. 669 12 00, Fax 669 10, www.ascot-bristol.de, Straßenbahn 92, 96, X98, Bus 693*

Best Western Parkhotel Potsdam **[106 A4]**
Direkt am Schlosspark Sanssouci, nur 10 Minuten Fußweg zum Neuen Palais. *87 Zi., Forststr. 80, Tel. 981 20, Fax 981 21 00, www.potsdam-bestwestern.de, Bus 695*

Insider Tipp
Inselhotel Hermannswerder **[106 C5]**
Privat geführtes Haus in idyllischer, ruhiger Lage am Ufer des Templiner Sees mit Hallenbad, Sauna und Solarium. *88 Zi., Hermannswerder 30, Tel. 232 00, Fax 232 01 00, www.inselhotel-potsdam.de, Bus 693*

Mark Brandenburg **[108 B6]**
Allein schon wegen des Frühstücks im lichtdurchfluteten Wintergarten lohnt sich hier die Übernachtung. *17 Zi., Heinrich-Mann-Allee 71, Tel. 88 82 30, Fax 888 23 44, Straßenbahn 90, 92, 93, 96*

Mercure Potsdam **[107 F3]**
Nach umfangreicher Renovierung erstrahlen alle 210 Zimmer in den 17 Stockwerken in neuem Glanz. Zu Füßen des Mittelklassehotels liegen Lustgarten und der Hafen der Weißen Flotte. *Lange Brücke, Tel. 27 22, Fax 29 34 96, www.mercure.com, Straßenbahn 90, 92, 93, 96, 98, X98, Bus 694, 695, 697*

Schiffspension Luise **[104 B6]**
★ Ein alter Transportkahn wurde in die schmucke Schiffspension verwandelt, die am Ufer des Tiefen Sees vertäut liegt. Der Komfort der Kajüten ist unterschiedlich, Frühstück wird serviert. *Berliner Str. 58 (Pension Am Tiefen See), Tel. 24 02 22, Fax 24 02 24, www.schiffspension.de, Straßenbahn 93, Bus 116*

Schlossgarten Hotel **[106 A3]**
★ Vis-a-vis vom Park Sanssouci steht das kleine, neue Hotel garni. *17 Zi., Geschwister-Scholl-Str. 41a, Tel. 97 17 00, Fax 97 17 04 04,*

MARCO POLO Highlights »Übernachten«

★ **NH Voltaire Potsdam**
Zentrales Hotel mit schönen Designerzimmern und kleinem Wellnessbereich (Seite 61)

★ **art'otel Potsdam**
Über Kunst lässt sich streiten – wie in diesem Hotel am Ufer der Havel (Seite 62)

★ **Schiffspension Luise**
Auf dem Wasser des Tiefen Sees die Nacht verbringen (Seite 63)

★ **Schlossgarten Hotel**
Kleines, neues Hotel garni am Park von Sanssouci (Seite 65)

Potsdamer Luxushotels

Am Jägertor **[107 F2]**
Das zentrale, top restaurierte Hotel in einem Gründerzeithaus dürfte auch den anspruchsvollsten Gast zufrieden stellen. Sehr Geräuschempfindliche sollten Zimmer zum Innenhof erbitten. *62 Zi. und Suiten, DZ 155 Euro, Hegelallee 11, Tel. 201 11 00, Fax 201 13 33, www.tc-hotels.de/jaegertor, Bus 692, 695*

Bayrisches Haus **[112 C4]**
Das erste Hotel in Brandenburg, das von Relais & Châteaux – der Vereinigung der schönsten Hotels der Welt – aufgenommen wurde. Das 5-Sterne-Haus fernab von Verkehrslärm ist eine wahre Oase im Grünen und doch in unmittelbarer Stadtnähe. *31 Zi., DZ ab 150 Euro, Im Wildpark 1, Tel. 550 50, Fax 550 55 60, www.bayrisches-haus.de, Bus 631*

Dorint Sanssouci **[107 E1]**
First-Class-Hotel gegenüber der Russischen Kolonie Alexandrowka, 292 voll klimatisierte Zimmer und eine 800 m^2 große Wellnesslandschaft. *DZ ab 135 Euro, Jägerallee 20, Tel. 27 40, Fax 274 10 00, www.dorint.com/potsdam, Straßenbahn 91, 92, 95, Bus 685*

relaxa Schlosshotel Cecilienhof **[104 A4]**
Die Lage ist einfach herrlich, der Blick phantastisch: Wie einst das Kronprinzenpaar Wilhelm und Cecilie können Sie aus den individuell eingerichteten Zimmern den Park oder den gärtnerisch gestalteten Innenhof des denkmalgeschützten Ensembles bewundern. *42 Zi. und Suiten, DZ ab 150 Euro, im Neuen Garten, Tel. 370 50, Fax 29 24 98, www.relaxa-hotel.de, Bus 692*

www.schlossgartenhotel-garni.de, Bus 695

Seminaris Seehotel Potsdam **[113 D4]**
Angenehmer Neubau in Toplage am Templiner See; Wellnessbereich mit Schwimmbad. *225 Zi., An der Pirschheide, Tel. 909 00, Fax 909 09 00, www.seminaris.de, Straßenbahn 94, Bus 695*

HOTELS €

Altstadt-Hotel Potsdam **[107 E2]**
Kleines Haus in zentraler Lage mit elf freundlich eingerichteten Zimmern. *Dortustr. 10, Tel. 28 49 90, Fax 284 99 30, www.altstadt-hotel-potsdam.de, Straßenbahn 90, 92, 94, 95, 96, Bus 692*

Anno 1900 Hotel Babelsberg **[109 D4]**
Kleines Hotel in einer ruhigen Nebenstraße in einer Villengegend. *22 Zi., Stahnsdorfer Str. 68, Tel. 74 90 10, Fax 70 76 68, www.anno-1900-hotel-babelsberg.de, Straßenbahn 94, 95*

Apart-Pension Babelsberg **[109 E2]**
Ein persönlich geführtes Haus, das mitten in der schönen Villenkolonie Neu-Babelsberg liegt. Mit Schwimmbad. *15 Zi., August-Bier-Str. 9, Tel.*

74 75 70, Fax 747 57 66, www.apart.potsdam.de, Bus 694

Filmhotel Lili Marleen **[109 D4]**
Das nostalgische Ambiente versetzt Sie in die Atmosphäre der nahe gelegenen Filmstadt Babelsberg. *35 Zi., Großbeerenstr. 75, Tel. 74 32 00, Fax 743 20 18, www.filmhotel.potsdam.de, Bus 690, 696*

Garni Hotel Kranich **[103 D3]**
Kleines Familienhotel in ruhiger, abseitiger Lage beim Volkspark Potsdam. *13 Zi., Kirschallee 57, Tel. 505 36 92, Fax 505 36 94, www.hotel-kranich.de, Straßenbahn 92*

Pension auf dem Kiewitt **[107 D4]**
Kleine Pension in einem Gründerzeithaus in einer ruhigen Nebenstraße. *14 Zi., Auf dem Kiewitt 8, Tel. 90 36 78, Fax 967 87 55, Straßenbahn 94, 96, X98*

CAMPING/ JUGENDHERBERGE

Camping Sanssouci-Gaisberg **[113 D4]**
Ebenes Laubwaldgelände am Templiner See einer etwa 70 m langen Liegewiese. Komfortable Sanitärausstattung, kostenloser Zubringerbus zu den öffentlichen Nahverkehrsmitteln nach Potsdam. *Nur April bis Okt., An der Pirschheide, Tel. 951 09 88, Fax 03327/556 80, www.campingpark-sanssouci-potsdam.com, Bus 580, 631*

Jugendherberge Potsdam/ Haus der Jugend **[108 C4]**
Als letzte Landeshauptstadt hat Potsdam nun auch eine Jugendherberge. Alle 44 Zimmer haben – bei Jugendherbergen selten – Dusche und WC. *152 Betten, Schulstr. 9, Tel. 581 31 00, Fax 581 31 11, www.jh-potsdam.de*

Insider Tipp

Schiffspension Luise – ein umgebauter Kahn, der früher Kohle transportierte

HANS OTTO THEATER

Kultur querbeet

Ob Theater- und Konzertfreund oder Hip-Hop-Fan – alle kommen sie in Potsdam auf ihre Kosten

Mit einer verwirrenden Fülle an Diskos, Kinos und Theatern kann Potsdam nicht aufwarten, doch die Stadt bietet jedem etwas, dem Kulturgourmet ebenso wie dem Nachtschwärmer.

Die Szene trifft sich zu Events aller Art im *Lindenpark*, dem *artSpeicher*, dem multikulturellen *Waschhaus* oder in den zahlreichen Bars und Kneipen im Holländischen Viertel. Unvergesslich bleibt ein Besuch im *Schlosstheater des Neuen Palais*, das als eines der schönsten Barocktheater Europas gilt. Hauptspielstätte des Potsdamer Theaters ist seit Jahren das »Blechbüchse« genannte Provisorium auf dem Alten Markt. Bald wird es abgerissen, denn Potsdam bekommt in der Schiffbauergasse am Tiefen See wieder ein richtiges Theaterhaus. Der elegante Glasbau mit muschelförmiger Überdachung und 400 Plätzen soll 2006 eröffnet werden.

Mit der Wiederherstellung des Nikolaisaales besitzt Potsdam auch eine hervorragende Stätte für Konzerte. Der futuristische Saal kontrastiert zur barocken Fassade des Hauses. Aber nicht nur die Optik, auch die Akustik ist bemerkenswert.

Inzwischen fast schon eine Institution: die »Blechbüchse« des Hans-Otto-Theaters

Angesagt: das Waschhaus

BARS

Bar Vinci **[107 E2]**
Auf Ledersofas und Hockern munden die etwa 45 Cocktails, aber auch die Longdrinks, Sekt und vier Sorten Bier. *Tgl., Friedrich-Ebert-Str. 114, Tel. 201 52 74, Straßenbahn 91, 92, 95, Bus 695*

Jimmy's L. A. Bar **[107 E1]**
30 m langer Tresen, täglich Pianomusik und an die 120 verschiedene Drinks. *Tgl., Jägerallee 20 (im Dorint Sanssouci), Tel. 27 40, Straßenbahn 90, 92, 95, Bus 692*

DISKOS & LIVEMUSIK

artSpeicher **[106 C4]**
Musik der 80er-Jahre ebenso wie Hip-Hop. Namhafte DJs gestalten die Abende und Nächte. Los geht's stets ab 22 Uhr. *Zeppelinstr. 136, Tel. 981 50, www.der-artspeicher.de, Straßenbahn 94, 96*

Romantisches Schiffsspektakel

Dreistündige Korsofahrt wurde zu einem überregionalen Event

An fünf Wochenenden im Jahr erstrahlen am Havelufer liegende Schlösser und Kirchen im Lichterglanz. An diesen Abenden stechen die Schiffe der Weißen Flotte zu einer dreistündigen Korsofahrt in See. Wenn der Schiffskonvoi in den Sonnenuntergang gleitet, drängen sich die Verliebten an der Reling, bevor sie ein Blechbläserkonzert vor der Heilandskirche in Sacrow und später ein Feuerregen von der mit Bengalischen Lichtern illuminierten Glienicker Brücke aus ihren Träumen erweckt. *Tel. 275 92 10, www.schifffahrt-in-potsdam.de*

Gutenberg 100 **[107 F2]**
Beliebte Musikkneipe im Holländischen Viertel. *Gutenbergstr. 100/102, Tel. 29 76 14, Straßenbahn 90, 92, 95*

Lindenpark **[109 E4]**
Das Livemusik- und Partyzentrum Potsdams. Wahrzeichen ist der im großen Saal eingebaute Doppelstockbus. *Stahnsdorfer Str. 76 (in Babelsberg), Tel. 74 79 70, www.lindenpark.de, Bus 696, 694*

Waschhaus **[108 A2]**
★ Punk, Hip-Hop oder Ska, das Musikprogramm ist vielseitig. Aber auch Multikultur mit Kino und Theater querbeet. *Schiffbauergasse 1, Tel. 27 15 60, www.waschhaus.de, Straßenbahn 93, 94, 95, Bus 116*

KABARETT

Potsdamer Kabarett Obelisk **[107 E2–3]**
Aktuell-politisch-satirische Programme. *Charlottenstr. 31, Tel. 29 10 69, www.kabarett.potsdam.com, Straßenbahn 94, 96, Bus 692*

KINO

Filmmuseum **[107 E3]**
Das museumseigene Kino mit moderner Vorführ- und Tontechnik und bequemen Sesseln im Marstall zeigt Glanzstücke der Weltfilmproduktion ohne Werbung *(tgl. 18 und 20, Do–So auch 22 Uhr)*. Stummfilmvorführungen mit Begleitung der Welte-Kinoorgel von 1929 jeweils am letzten Fr 20 Uhr und So 18 Uhr im Monat (außer Juli/Aug.). Die Orgel klingt, als wenn ein gewaltiges 30-Personen-Orchester spielt. *Schlosstr. 1, Tel. 27 18 10, Straßenbahn 90, 92, 93, 96, Bus 695*

Insider Tipp

UCI-Kinowelt **[107 F4]**
Acht Kinos unter einem Dach. *Potsdam-Center, Tel. 233 72 33, www.uci-kinowelt.de, Straßenbahn 90, 92, 93, 96, 98, Bus X15, 694, 695*

KNEIPEN

Die Kneipe M 18 **[107 F2]**
Grobe Holzbalken und farbig geputzte Wände, im Sommer Plätze im lauschigen Innenhof. *Tgl.,*

Mittelstr. 18, Tel. 280 51 11, Straßenbahn 90, 92, 95, Bus 692

Die Waschbar **[106 C3]**
Insider Tipp Kneipe, Waschsalon, Bar und Kulturort in einem. Geboten werden kleines Theater, Musik und Livebands. Mit einem Sack schmutziger Wäsche muss niemand ankommen, Eintritt erhalten auch jene, die nur ein Bier trinken möchten. *Tgl., Geschwister-Scholl-Str. 82, Tel. 967 87 16, www.waschbar-pdm.de*

Gleis 6 **[108 C4)]**
Sitzbänke aus alten Zügen, Koffer auf der Gepäckablage und manch anderes Eisenbahnrequisit schaffen in der einstigen Schalterhalle eine gemütliche Atmosphäre. *Tgl., Karl-Liebknecht-Str. 4 (im S-Bahnhof Babelsberg), Tel. 748 24 29, www.gleis-6.de*

Hohle Birne **[107 F2]**
Deftige Küche, mehr als 40 Biersorten, viele vom Fass. *Tgl., Mittelstr. 19, Tel. 280 07 15, Straßenbahn 90, 92, 95, Bus 692*

Insider Tipp **La Leander** **[107 E2]**
Treff von Lesben, Schwulen, Freaks im Holländischen Viertel. Köstliche Caipirinhas. *Tgl., Benkertstr. 1, Tel. 270 65 76, Straßenbahn 90, 92, 95, Bus 692*

KONZERTE

Nikolaisaal Potsdam **[107 E2]**
Das Konzert- und Veranstaltungshaus der Landeshauptstadt mit vielseitigem und anspruchsvollem Musikprogramm. *Wilhelm-Staab-Str. 10/11, Tel. 28 88 80, www.nikolaisaal.de, Straßenbahn 94, 96*

THEATER

fabrik Potsdam **[108 A2]** Insider Tipp
Theater für Zeitgenössischen Tanz und neue Musik. *Schiffbauergasse 1, Tel. 280 03 14, www.fabrikpotsdam.de, Straßenbahn 93, Bus 116*

Hans-Otto-Theater
Spielstätten sind das als Provisorium errichtete blecherne *Theaterhaus* am Alten Markt **[107 F3]**, das schöne, barocke ★ *Schlosstheater* im Neuen Palais **[106 A2]** sowie die *Reithalle A* in der Schiffbauergasse **[108 A2]**. *Tel. 981 18*

Theaterschiff **[107 F3]** Insider Tipp
Theater, aber auch Kabarett, Musik und Kino auf einem ausgedienten Frachtkahn. Im Sommer jeden Do Livemusik bei freiem Eintritt. *An der Alten Fahrt (Lange Brücke), Tel. 748 15 03, www.theaterschiff-potsdam.de, Straßenbahn 90, 92, 93, 96, X98, Bus 695*

MARCO POLO Highlights »Am Abend«

★ **Waschhaus**
Vielseitiges Programm mit Livemusik und multikulturellen Events (Seite 68)

★ **Schlosstheater**
Eine der schönsten deutschen Spielstätten des Rokoko (Seite 69)

Schlösser, Wälder und Havelseen

Die meisten Ausflugsziele sind in den Sommermonaten mit dem Schiff erreichbar

In Potsdams Umgebung riecht es nach Wasser und Schilf. Seen umkränzen die Stadt, zwischen denen sich Wälder und Wiesen erstrecken. Vom Potsdamer Brauhausberg bis hinter Ferch am Südufer des Schwielowsees zieht sich ein Höhenzug entlang, der hier und dort herrliche Blicke über das Havelland ermöglicht. Schön ist die Aussicht von der Großen Neugierde im heutigen Volkspark Klein-Glienicke. In diesem Pavillon nahe der Glienicker Brücke saß Prinz Carl von Preußen mit seinen Gästen und beobachtete den Kutschverkehr auf der vorbeiführenden Chaussee nach Potsdam, der ersten Kunststraße Preußens, um 1795 erbaut.

Die meisten Ausflugsziele sind per Schiff zu erreichen, die dort halten, wo es etwas zu sehen gibt: Parks und Schlösser, Backsteinkirchen, Obstplantagen oder auch nur Wiesen und Wälder. Es gibt wenige Großstädte, die in unmittelbarer Nähe mit so abwechslungsreicher Natur aufwarten können. Das Havelseengebiet übt auf die großstadtgestressten Berliner und Potsdamer eine magische Anziehungskraft aus. Im engeren Sinn sind es gar keine Seen, es sind Weitungen der Havel, die der »märkischen Streusandbüchse« zu ihrem Reiz verhelfen.

Auf der Pfaueninsel ließ Friedrich Wilhelm II. ein weißes Schloss für seine Geliebte erbauen

Erkunden Sie mit Rad und Schiff die Umgebung von Potsdam

Diese Schönheit hatten schon Preußens Könige erkannt. Die Pfaueninsel, Caputh, Paretz waren ihre Ziele, wenn sie mit der Gemahlin, der Geliebten oder mit Freunden allein sein wollten. Wer das heute möchte, muss schon aus den Dörfern hinauslaufen, in die Wälder gehen oder die Seeufer entlangwandern. Dort finden Sie noch stille Ecken, in denen Angler sitzen und dem Vogelgezwitscher lauschen. Das Potsdamer Havelseengebiet lohnt sich durchaus für einen längeren Aufenthalt, in diesem Falle dann mit Ausflügen nach Potsdam.

Berliner Parklandschaft

Das Potsdamer Park- und Schlossensemble wurde im 18. und 19. Jh. ohne Rücksicht auf regionale Grenzen angelegt. Als sich 1920 Berlin vom Land Brandenburg trennte, nahm es Pfaueninsel, Schlosspark Klein-Glienicke und Nikolskoe mit. Am Gesamtkunstwerk änderte sich dadurch nichts, das blieb erhalten – bis zum Bau der Mauer rings um Berlin. Der Berliner Teil des Park- und Schlossensembles gehörte nun zum Westen, der Potsdamer Teil mit dem Park Sanssouci, dem Neuen Garten und dem Park Babelsberg zum Osten. Seit dem Fall der Mauer verbindet die Glienicker Brücke wieder wie einst das bau- und kulturgeschichtliche Gesamtkunstwerk. Ein Besuch seiner zu Berlin gehörenden Parklandschaft rundet einen Potsdam-Aufenthalt ab.

Berlin Tourist-Information
Europa Center, 10787 Berlin, Tel. 030/25 00 25, Fax 25 00 24 24, www.berlin-tourist-information.de

BÖTTCHERBERG

[105 D5] »Flächenaussicht« hieß zu Königs Zeiten der 66 m hohe Böttcherberg, weil man von ihm zwischen Bäumen hindurch zum Jungfernsee, Tiefen See, Glienicker Lage und dem Schloss Babelsberg schauen konnte. Die Bäume sind inzwischen alt und hoch, spektakuläre Blicke kaum noch möglich. Der Weg auf den Berg lohnt aber dennoch, denn seit 2001 erlaubt die restaurierte, so genannte *Loggia Alexandra* wieder Einblicke in die künstlerische Vorstellungswelt des Prinzen Carl. Der hatte den Gartenpavillon 1870 zur Erinnerung an seine Schwester Charlotte errichten lassen, der Zarin Alexandra Feodorowna. Als Schutz vor Vandalismus ist der Pavillon nur von außen durch Sicherheitsglas zu besichtigen.

NIKOLSKOE

[105 E3] 1984 brannte das russische Blockhaus auf der von Peter Joseph Lenné gestalteten Erhebung ab, ein Jahr später war es originalgetreu wieder aufgebaut. Der vor mehr als 150 Jahren von den Bauleuten aufgestellte Rekord konnte aber nicht gebrochen werden, die hatten das Holzhaus in nur sechs Wochen errichtet. Friedrich Wilhelm III. hatte zur Eile getrieben, denn er wollte seine Tochter, Gemahlin des russischen Thronfolgers Nikolaus Pawlowitsch, bei einem Potsdam-Besuch damit überraschen. Der König nannte diesen Teil der Havellandschaft *Nikolskoe* (»gehört Nikolaus«). Als seine Tochter Russlands Zarin geworden war, wünschte sie sich an dieser einsamen Stelle Glockengeläut. Ihr Wunsch war dem Vater Befehl, der von Friedrich August Stüler im russischen Stil die *Peter-Pauls-Kirche* erbauen ließ. Vom Johannistag (24. Juni) bis Michaelistag (29. September) lassen 28 Bronzeglocken zwischen 10 und 21 Uhr zu jeder vollen Stunde die Melodie »Üb' immer Treu' und Redlichkeit« erklingen – Reminiszenz an die Potsdamer Garnisonkirche. In der Gruft unter der Kanzel fand der 1883 verstorbene Prinz Carl von Preußen seine letzte Ruhestätte. *Nikolskoer Weg*

PFAUENINSEL

[105 E–F 1–2] ★ Der Liebschaft Friedrich Wilhelms II. mit der Gräfin Lichtenau haben wir das zweitürmige Lustschlösschen zu verdanken. Schneeweiß steht es als künstliche Ruine da, mancher glaubte schon, eine Filmkulisse vor sich zu haben. Die Brücke zwischen den Türmen entstand 1807 als frühes Erzeugnis der berühmten Berliner Eisengießerei *(Führungen April–Okt. Di–So 10–17 Uhr, Tel. 030/805 30 42)*.

Die Natur auf der schönsten Havelinsel (1,5 km lang, 500 m breit) wurde von Peter Joseph Lenné gestaltet. Theodor Fontane notierte nach seinem Besuch 1873: »Schlängelpfade, die überall hinführen und nirgends; ein rätselhaftes Eiland.« Aus den Schlängelpfaden wurden mittlerweile ordentliche Wege. Am Fähranleger befindet sich ein Plan der Parkanlage (den es auch zu kaufen gibt) mit den Sehenswürdigkeiten: Der Rundgang führt am *Kavalierhaus* von Karl Friedrich Schinkel vorbei zum *Königin-Luise-Tempel,* den Friedrich Wilhelm III. zum Gedenken an seine Gattin errichten ließ. Weiter am Nordende liegt – wie das Schloss im romantischen Ruinenstil erbaut – die *Meierei.* Das *Schweizerhaus* an der Südspitze ist ebenfalls ein Werk Schinkels.

Auf der Insel geht es heute nicht mehr so locker zu wie zu Zeiten des lebenslustigen Königs Friedrich Wilhelm II.: Die strengen Wärter dulden weder Hunde noch Fahrräder, zum Picknick dürfen Sie sich nicht einmal auf den Rasen setzen – dafür wurde eine kleine Liegewiese reserviert. *Nur erreichbar mit der das ganze Jahr über tgl. verkehrenden Fähre*

VOLKSPARK KLEIN-GLIENICKE

[104–105 C–E 4–5] Lenné schuf auch diesen 1,16 km^2 großen Glienicker Schlosspark, der 1934 an die Stadt Berlin verkauft wurde und den Namen Volkspark Klein-Glienicke bekam. »Gewiß ist der Glienicker Park einer der schönsten Deutschlands. Es ist unglaublich, was die Kunst aus diesem dürren Boden zu machen gewusst hat«, schrieb Helmuth von Moltke 1841.

Das *Schloss Glienicke* baute in seiner heutigen, klassizistischen Form Schinkel als Sommersitz für

MARCO POLO Highlights »Potsdams Umgebung«

★ **Pfaueninsel**
Ein romantisches Lustschloss im Ruinenstil (Seite 73)

★ **Caputh**
Wo August der Starke, Charlie Chaplin und Albert Einstein weilten (Seite 75)

★ **Sacrower Halbinsel**
Malerisch liegt die Heilandskirche am Ufer des Jungfernsees (Seite 80)

★ **Werder**
Altstadt auf einer Havelinsel (Seite 80)

den damals 25-jährigen Prinz Carl von Preußen. In den 50er-Jahren des 20. Jhs. wurde es zu einem Hotel umfunktioniert, dabei ging viel von der Originalsubstanz verloren. Doch seit 1995 können Sie wieder durch die restaurierten Räume des Schlosses wandeln. Die Wohnräume des Prinzen und seiner Gemahlin, Prinzessin Marie von Sachsen-Weimar, befinden sich im Obergeschoss *(Mitte Mai–Mitte Okt. Sa/So 10–17 Uhr)*.

Insider Tipp An den Wochenenden finden im Schloss Solo- und Kammerkonzerte mit renommierten Solisten und Musikern statt. Im Winter wird im Gartensaal des Schlosses gespielt, im Sommer in der Orangerie *(Kartenreservierungen unter Tel. 030/34 70 33 44, www.konzerte-schloss-glienicke.de)*.

Die vergoldete Löwenfontäne links neben dem Haupteingang hat Schinkel nach dem Vorbild der Villa Medici in Rom geschaffen. Prinz Carl war gern auf Reisen und brachte sich allerlei Souvenirs mit. Für über hundert antike Relieffragmente fand er einen nicht gerade alltäglichen Aufbewahrungsort: Er ließ sie in die Hauswände einfügen.

Im Park wandern Sie am besten vom *Hofgärtner-* und *Maschinenhaus* zur Schlucht mit der *Teufelsbrücke* und dem *Matrosenhaus*. Von der *Großen Neugierde* kamen zur Zeit des Kalten Krieges die Fernsehbilder vom Agentenaustausch zwischen West und Ost auf der nahen *Glienicker Brücke*. Von dem säulengetragenen Rundbau, den Schinkel dem Lysikrates-Denkmal in Athen nachbildete, bot sich den Journalisten die beste Perspektive. Südlich der Königsstraße, am Nordufer der Glienicker Lake, ließ sich Kurfürst Friedrich Wilhelm ein *Jagdschloss* errichten, das Prinz Carl 1859 erwarb *(Innenbesichti-*

Glienicker Brücke

Einst öffnete sich der Schlagbaum, wenn die Geheimdienste Agenten austauschten

Berühmt wurde die Glienicker Brücke als Spionageübergang zwischen Ost und West. In der Zeit des Kalten Krieges schritten rund 150 Agenten und Dissidenten über sie. 1962 tauschte man beispielsweise hier den einige Jahre zuvor über der Sowjetunion abgeschossenen Hauptmann der US-Luftwaffe Francis Gary Powers, der für die CIA geflogen war, gegen den in den USA verurteilten Ostspion Oberst Rudolf Abel aus. Die geopolitische Lage der Brücke war einzigartig: Der westliche Brückenteil gehörte zum »Osten« (DDR-Bezirk Potsdam), der östliche zum »Westen« (Westberlin). Spätestens mit dem Mauerbau 1961 wurde ihr Name *Brücke der Einheit* zum Hohn, denn von nun an durften sie nur noch Alliierte überschreiten. Erst am 10. November 1989 war die Glienicker Brücke seit Jahrzehnten erstmals wieder für alle Bürger frei passierbar. *Straßenbahn 93, Bus 116*

Die Glienicker Brücke – bekannt als »Agentensteg«

gung nicht möglich, der Park ist bis zum Einbruch der Dunkelheit geöffnet).

POTSDAMER HAVELSEENGEBIET

Die Havel erweitert sich um Potsdam mehrfach zu Seen, an deren Ufern sich reizvolle Dörfer erstrecken. Die herrlichsten Landschaftsbilder bieten sich vom Wasser aus. Caputh, Ferch, Werder und Petzow können Sie in den Sommermonaten täglich per Fahrgastschiff erreichen.

Fremdenverkehrsverein Schwielowsee
Straße der Einheit 3, 14548 Caputh, Tel. 033209/708 86, Fax 708 98, fvv@schwielowsee.de, www.schwielowsee-tourismus.de

Tourismusbüro Werder
Kirchstr. 6/7, 14542 Werder (Havel), Tel. 03327/78 33 74, Fax 78 33 22, www.werder-havel.de

CAPUTH

[112 C4–5] ★ Aus dem Wechsel von Wald und Wasser wuchs Caputh (3800 Ew.) zu einem lieblichen märkischen Ferienidyll 6 km von Potsdam entfernt. Lang gestreckt zieht sich der Ort am Ufer des Templiner- und Schwielowsees hin. Die Berge ähneln teilweise einer Mittelgebirgslandschaft. Von der kahlen Kuppe des *Krähenberges* reicht der Blick weit über den fast 6 km langen und 2 km breiten Schwielowsee. Schon auf halber Strecke nach oben – Ausgangspunkt ist die Geschwister-Scholl-Straße – befindet sich links ein *Belvedere,* von dem Sie ebenfalls einen schönen Blick haben. Am *Gemünde,* wie die schmale Stelle zwischen Templiner See und Schwielowsee heißt, setzt seit 1853 eine Seilfähre über. Insider Tipp

Das *Schloss Caputh* kann seit 1999 nach aufwändiger Restaurierung erstmals in seiner Geschichte vollständig besichtigt werden. Die Hauptattraktion bildet der Speisesaal mit 7000 blau-weißen holländischen Fayencefliesen. In das Bau-

Insider Tipp

werk wieder zurückgekehrt sind die Bildnisse der ersten zwölf römischen Kaiser; das von Julius Cäsar gilt als das wertvollste, da es von Peter Paul Rubens stammt. Die Bilder sind bereits in einem Inventar des Schlosses von 1698 verzeichnet *(Mai–Okt. Di–So 10–17, Nov. bis April nur mit Führung Sa/So 10–16 Uhr)*. Einst diente das Schloss Kurfürstin Dorothea als Wohnsitz. 1709 kam auf dem Wasserweg aus Potsdam Preußenkönig Friedrich I. mit berühmtem Besuch: König Friedrich IV. von Dänemark und Sachsens August der Starke. Den barocken Garten gestaltete Peter Joseph Lenné in der Zeit nach 1820 in einen Landschaftsgarten um. Die *Dorfkirche* entstand nach Plänen von Friedrich August Stüler als neuromanische Pfeilerbasilika mit einem gesonderten Glockenturm.

In Caputh weilten auch Charlie Chaplin und Heinrich Mann, die hier Albert Einstein besuchten, den Begründer der Relativitätstheorie und Nobelpreisträger für Physik 1921. Drei Sommer lang segelte Einstein auf dem Schwielowsee, denn ab 1929 wohnte er für einige Jahre in einem Holzhaus in Caputh am Waldrand. *Einsteins Sommerhaus* ist heute die einzige erhaltene Wohnung des Nobelpreisträgers in Deutschland. Nach einer umfangreichen Sanierung wird das Haus im Laufe des Jahres 2005 wieder öffnen und dann kulturell genutzt werden. 1932 verließ Einstein Deutschland zu einer längeren Reise ins Ausland. In den USA angekommen, erreichte ihn die Nachricht, dass sein Haus von den Nazis zerstört war, alle Aufzeichnungen vernichtet. Der bedeutendste Physiker des 20. Jhs. blieb als jüdischer Emigrant in den USA.

Um den Caputher See führt ein etwa 4 km langer Wanderweg, an dem es mehrere Rastplätze gibt. Wer viel Kondition mitbringt, umwandert den Schwielowsee (fast 20 km) – eine schöne Tagestour, bei der Sie einige Etappen auch mit dem Bus bewältigen können.

Einsteins Sommerhaus – der Physiker lebte vor seiner Emigration in Caputh

Übernachtung & Restaurants
Kavalierhaus mit fünf Zimmern und der Hochzeitssuite, alle individuell ausgestattet. Das Insider Tipp Restaurant ist ein Ort zum Genießen, nicht nur wegen der Gastronomie, sondern auch wegen des Blicks zum Templiner See *(Lindenstr. 60 (im Schlosspark), Tel. 033209/846 30, Fax 846 41, www.kavalierhaus-caputh.de, Restaurant Mo geschl., €€); Landhaus Haveltreff,* direkt am Havelufer gelegen, 27 Zimmer im Landhausstil, Restaurant mit hausgebackenen Kuchen und guter regionaler Küche *(Weinbergstr. 4, Tel. 033209/780, Fax 781 00, www.haveltreff.de, €€); Märkisches Gildehaus,* am Ufer des Schwielowsees. Mit Fitnessraum, Sauna, Liegewiese und Restaurant *(23 Zi., Schwielowseestr. 58, Tel. 033209/77 90, Fax 708 36, www.maerkisches-gildehaus.de, €€); Müllerhof,* in dem schon Graf Zeppelin, Albert Einstein und viele Ufa-Stars saßen und die Küche lobten *(31 Zi., Weberstr. 49, Tel. 033209/790, Fax 79 50, www.flairhotel.com/muellerhof, €€).*

FERCH

[112 C5] Im Gegensatz zu heute war das 10 km südlich von Potsdam gelegene Dorf vor 100 Jahren keinen Besuch wert. So schrieb der Maler Karl Hagemeister (von Max Liebermann als der »Entdecker der märkischen Landschaft« bezeichnet) über Ferch: »Das Dorf war weltabgeschieden, unbekannt und wegen der Armut seiner Bewohner in verwahrlostem Zustand, die Häuser mit Rohr gedeckt, vielfach zerfallen und wegen des sehr hügeligen Terrains viel zusammengepfercht. Die Dorfstraße war winklig und Backöfen, halbkugelige von Lehm, lagen unter blühenden Obstbäumen.«

Heute ist Ferch längst kein Geheimtipp mehr. Dennoch bietet das Dorf (1100 Ew.) am Südende des Schwielowsees Ruhe und Entspannung. Die letzten mit Rohr gedeckten Fischerhäuser sind in gepflegtem Zustand, die Obstbäume blühen noch, die Backöfen sind jedoch – bis auf einen unlängst wieder errichteten – verschwunden. Die alte Dorfkirche aus Fachwerk besitzt eine mit Wolken bemalte Holzdecke.

Die *Fercher Obstkistenbühne,* Insider Tipp ein Kleinkunsttheater in der Dorfstraße 3a, lädt von April bis September zu Folklore, klassischer Musik, Jazz, Liedern und Literatur ein *(Programminformationen unter Tel. 033209/714 40, www.fercherobstkistenbuehne.de).*

Übernachtung & Restaurants
Landhaus Ferch liegt am Schwielowsee neben dem Strandbad, Restaurant mit regionaler Küche *(7 Zi., Dorfstr. 41, Tel. 033209/703 91, 710 12, www.landhaus-ferch.de, €€); Haus am See,* seit Jahrzehnten beliebtes Ausflugsziel direkt am Schwielowsee, das in einem neuen Hoteltrakt 21 Zimmer und ein Restaurant bereithält *(Neue Scheune 19, Tel. 033209/709 55, Fax 704 96, www.hotel-hausamsee.de, €€).*

GELTOW

[112 C4] 4 km südwestlich von Potsdam liegt das Dorf Geltow (2700 Ew.). Theodor Fontane, dessen Spuren Sie im Potsdamer Havelseengebiet immer wieder begegnen, erquickte sich 1850 im Rasthaus an der Baumgartenbrü-

Die Havellandschaft ist ein Paradies für Naturliebhaber

cke. Er war von diesem Platz so begeistert, dass er ihn als »Brühlsche Terrasse am Schwielowsee« und als »selten schön« pries. Dem kann man nicht widersprechen, wenn nur der rege Autoverkehr auf der B 1 über die nunmehr fünfte Baumgartenbrücke (eingeweiht am 27. Oktober 1989) die Idylle nicht trüben würde.

Vor Fontane lagerte schon ein anderer Berühmter an dieser Stelle, eine mächtige Linde hatte er sich ausgesucht: Major Ferdinand von Schill. Von hier aus machte er sich mit seinem II. Brandenburgischen Husarenregiment auf, um gegen Napoleon zu kämpfen. An Stelle der Linde erinnert heute ein großer Findling mit Gedenktafel an Schill. Von der Linde wurde daneben ein echter Ableger (so wird behauptet) gepflanzt. Die Kirche von Geltow hat 1888 der 99-Tage-Kaiser Friedrich III. neun Tage vor seinem Tod geweiht, eine marmorne Gedenktafel rechts neben dem Altar erinnert an den Hohenzollernbesuch.

Im Museumsbetrieb *Henni-Jaensch-Zeymer* werden auf bis zu 300 Jahre alten Webstühlen traditionelle Produkte der Kunsthandweberei hergestellt *(Di–So 11–17 Uhr, Am Wasser 19).*

Übernachtung

Landhaus Geliti, familienfreundliches Hotel in ruhiger Lage *()38 Zi., Wentorfstr. 2, Tel. 03327/59 70, Fax 59 71 00, www.geliti.de, €).*

Restaurant

Baumgartenbrück, seit 1826 im Besitz der Familie Herrmann. 1850 saß hier Fontane. Zehn verschiedene Speisekarten informieren über berühmte Besucher Geltows *(Mo geschl., Baumgartenbrück 4–5, Tel. 03327/552 11, €).*

GLINDOW

[112 B4] Aus Glindower Ziegel, so meinen zumindest die Glindower, sei halb Berlin erbaut. Schon die Mönche des Klosters Lehnin ließen die Tongruben ausbeuten. Ende des 19. Jhs. rauchten in diesem 7 km von Potsdam entfernten Dorf (3200 Ew.) mehr als 50 Schornsteine. Millionen rötlich-gelber Steine wurden hier in den Ziegeleien gefertigt. Noch heute entstehen in Glindow Ziegel, ausgedient hat jedoch der achteckige Aufseherturm von 1890. Er wurde zum *Märkischen Ziegeleimuseum (März–Okt. Mi–So 10–16 Uhr, Alpenstr. 47)*. Die neugotische Backsteinkirche stammt von Friedrich August Stüler.

PARETZ

[112 B2] Das 23 km nordwestlich von Potsdam gelegene Dorf (400 Ew.) wurde zur Pilgerstätte der großen Luise-Fangemeinde. Denn hier verbrachte die legendäre Königin mit ihrem Gemahl Friedrich Wilhelm III. ihre glücklichste Zeit. Seit 2001 sind im *Schloss* als kunsthistorische Kostbarkeiten aufwändig restaurierte gedruckte und gemalte Papiertapeten aus der Zeit um 1800 sowie Möbel und Grafiken zu sehen. Sie vermitteln in der ehemaligen königlichen Wohnung etwas von der Atmosphäre, in der das Königspaar mit seinen Kindern die Sommer in dieser ländlichen Umgebung verbrachte *(Mitte Mai–Mitte Sept. Di–So 10–17 Uhr)*. Am Rande des Parks fällt die ockerfarbene *Kirche* mit gotischem Dekor auf. Gilly baute vor 200 Jahren eine Loge für den König an. In ihr befindet sich eine 1811 aus Ton gebrannte Gedenktafel für Königin Luise, die ein Jahr zuvor im Alter von nur 34 Jahren verstorben war. Schöpfer der Tafel ist Gottfried Schadow, berühmt geworden durch die Quadriga auf dem Brandenburger Tor in Berlin. Sollte die Kirchentür verschlossen sein: Links um die Kirche gehen, denn vom Fenster der Königsloge aus ist das Tonrelief zu sehen. Insider Tipp

Restaurant

Gotisches Haus, ehemals die Paretzer Dorfschmiede, mit großem Biergarten *(Mo geschl., Parkring, Tel. 033233/805 09, €)*.

PETZOW

[112 C4–5] 10 km südwestlich von Potsdam liegt das Dorf Petzow, seit 1929 Ortsteil von Werder. Es gehört zu den gut erhaltenen ländlichen Ensembles des 19. Jhs. in der Mark Brandenburg. Nach Plänen Schinkels sollen um 1825 das *Schloss* (wird gegenwärtig zum Hotel umgebaut), die Parkmauer und das spitzbogige Eingangstor ent-

Die MARCO POLO Bitte

WWF

Marco Polo war der erste Weltreisende. Er reiste in friedlicher Absicht, verband Ost und West. Er wollte die Welt entdecken, fremde Kulturen kennen lernen, nicht zerstören. Könnte er heute für uns Reisende nicht Vorbild sein? Aufgeschlossen und friedlich sollte unsere Haltung auf Reisen sein. Dazu gehören auch Respekt vor Mensch und Tier und die Bewahrung der Umwelt.

standen sein. Auffallend sind am Schloss vier runde Ecktürme und wunderschöne Barockgitter an einigen Fenstern des Erdgeschosses. Der terrassenförmig zum Schwielowsee angelegte Park stammt von Lenné, der geschickt eine Bucht des Schwielowsees in die Gestaltung einbezog. Die Kirche auf dem Grelleberg wurde ebenfalls nach einem Entwurf Schinkels erbaut. Eine Bogenhalle verbindet den freistehenden Westturm mit dem Kirchenschiff. Die Turmuhr ist Attrappe, sie dient nur als Schmuck. Vom Turm haben Sie einen sehr schönen Blick auf die Havellandschaft.

Restaurant

Hafenrestaurant Ernst, Fischspezialitätenrestaurant mit großer Seeterrasse *(Am Schwielowsee 120, Tel. 03327/73 27 08, Nov.–April Mo geschl., €€).*

Einkaufen

Frucht-Erlebnis-Garten, über 20 hausgemachte Marmeladen und Gelees, verschiedene Sanddornspezialitäten, eigene Wildfrucht- und Fruchtweine, frisch gepresste Säfte und vieles mehr. Insider Tipp Die Spezialität: Sanddornlikör *(tgl., Fercher Str. 60, Tel. 03327/469 10, www.sandokan.de).*

SACROWER HALBINSEL

[104–105 C–E 1–3] ★ Wie ein im Hafen liegendes Schiff sollte die *Heilandskirche* wirken, die Ludwig Persius 1841–44 zu zwei Dritteln ins Havelwasser gebaut hat. Der im mittelalterlich-italienischen Stil errichtete Bau gilt als Vorstudie für die Friedenskirche in Sanssouci. Friedrich Wilhelm IV. kam im Sommer sonntags von Potsdam aus mit einem Boot zum Gottesdienst. Nach dem Bau der Berliner Mauer fand am Heiligabend 1961 der letzte Gottesdienst statt. Da die Kirche im deutsch-deutschen Todesstreifen lag, dem so genannten Grenzgebiet, durfte sie von den Gemeindemitgliedern nicht mehr betreten werden. Nach umfangreicher Restaurierung zeigt sich die Kirche nun wieder in herrlicher Pracht *(Gottesdienste ganzjährig jeden 2. und 4. So im Monat 15 Uhr, www.heilandskirche-sacrow.de).* Insider Tipp

Das nahe *Schloss* (1773) hatte viele Besitzer, einer war König Friedrich Wilhelm IV., der es 1840 erwarb. 1938 wählte der preußische Generalforstmeister das klassizistische Bauwerk zum Wohnsitz und ließ im Inneren erhebliche Umbauten vornehmen. Den Rest bekam das Schloss zu DDR-Zeiten, als es Ausbildungsstätte der Zollverwaltung wurde. Vorgesehen ist, das Schloss wieder museal zu nutzen.

Der von Lenné gestaltete Park, die letzte große Schöpfung des Gartenkünstlers, war völlig verwildert, denn hier hatte man Zwinger für Zollspürhunde und Anlagen für praktische Übungen des Zollnachwuchses aufgestellt. 2001 bekam der Park sein historisches Aussehen zurück. Sie erreichen die Halbinsel am besten mit der Fähre, die von der Matrosenstation westlich der Glienicker Brücke startet.

WERDER

[112 B–C4] ★ »Vom Wasser umflossenes Land« bedeutet der aus dem slawischen stammende Name. Der älteste Teil von Werder (10 700 Ew., 12 km südwestlich von Potsdam), in dem vieles von der Atmosphäre der einstigen Fischersiedlung erhalten blieb, wird völlig von Wasser umgeben. Wer sich dieser Havelinsel von Land aus nähert, sieht als erstes den Turm der neugotischen *Heiliggeistkirche* mit ihrem fünfspitzigen Turm. Der dreischiffige Innenraum besitzt Emporen, eine flache Holzbalkendecke und das beeindruckende Altarbild »Christus als Apotheker«, 1734 von einem unbekannten Künstler gemalt.

Die benachbarte *Windmühle* gibt es erst seit 1992. Einst drehten sich in Werder fünf Windmühlen, die letzte brannte 1973 ab – die Stadt hatte damit eines ihrer Wahrzeichen verloren. Im 100 km entfernten Klossa kaufte man daher eine historische Mühle und setzte sie nach Werder um *(April–Mitte Okt. Mi 10–16, So 13–17 Uhr)*.

Über die Stadtgeschichte und vor allem den Obstanbau informiert das *Obstbaumuseum (Kirchstr. 6/7, im Haus des Tourismusbüros, April bis Mitte Okt. Mi 10–16, So 13–17 Uhr)*.

Interessant für Technikfans ist das *Zweiradmuseum*. Zu sehen sind rund 100 historische Fahrzeuge, darunter das fast 120 Jahre alte Hochrad von Nic Kaufmann, einem seinerzeit weltberühmten Hochradkünstler *(Mielestr. 2, im Gewerbepark Havelauen, April–Okt. Mi–So 10–17, Nov.–März Sa/So 11–16 Uhr)*. Inside Tipp

Im Frühjahr liegt der Duft blühender Obstbäume über Werder, denn der traditionelle Obstanbau hat bis heute Bedeutung. Höhepunkt der Festlichkeiten ist deshalb seit 1879 das *Baumblütenfest* im Mai.

Übernachtung

Hotel zur Insel, modernisiertes Haus in der historischen Altstadt *(44 Zi., Am Markt 6, Tel. 03327/661 60, Fax 66 16 66, www.hotel-zur-insel.de, €€)*.

Restaurant

Arielle, frischer Fisch aus der Havel und Räucherei *(Okt.–April Mo geschl., Fischerstr. 33, Tel. 03327/456 41, €€)*.

Zehntausende zieht es alljährlich im Mai zum Baumblütenfest in Werder

Prachtbauten mit reicher Geschichte

Die Spaziergänge sind in der Karte auf dem hinteren Umschlag und im Cityatlas ab Seite 102 grün markiert

1 ARCHITEKTURKOPIEN AUS GANZ EUROPA

Potsdams Altstadt bietet einen Streifzug durch internationale Architektur. In vielen Ländern hatten die Potsdamer Bauherren im königlichen Auftrag abgekupfert. Und so können Sie in der City Bauwerke sehen, die schon lange vorher in anderen europäischen Städten standen. Der am Alten Markt beginnende und im Holländischen Viertel endende Spaziergang dauert etwa 90 Minuten.

Das Gesicht des Alten Marktes bestimmt die *Nikolaikirche (S. 27)* mit ihrer mächtigen Kuppel, die große Ähnlichkeit mit der Londoner St.-Pauls-Kathedrale hat. Zu dem prachtvollen Bau, der heute *Altes Rathaus (S. 21)* heißt, kam Potsdam durch glückliche Umstände. Der Rennaissance-Baumeister Andrea Palladio hatte ihn für das italienische Vicenza erdacht, doch dort wollte man den Palazzo nicht haben. So wurde Potsdams viertes Rathaus nach Palladios Entwürfen errichtet. Bis zur Zerstörung im Zweiten Weltkrieg prägte das *Stadtschloss* diesen Platz. Über einen Wiederaufbau wird oft debattiert, woher aber die verschuldete Potsdamer Stadtverwaltung das Geld nehmen soll, weiß bis jetzt niemand.

Schinkels streng klassizistische Nikolaikirche mit ihrer imposanten Kuppel beherrscht den Alten Markt

Am Eingang zur Breiten Straße laufen Sie am lang gestreckten Marstall vorbei, der das *Filmmuseum (S. 42)* aufnahm, und kommen dann zur Ecke Dortustraße mit den sorgfältig restaurierten *Hiller-Brandtschen-Häusern,* für die der nicht mehr existierende königliche Palast Whitehall in London Pate stand. Vor allem auf Befehl von König Friedrich dem Großen entstanden zahlreiche Kopien von europäischen Bauten des 16. bis 18. Jhs. So ähnelt das nahe *Brandenburger Tor (S. 34)* einem dreipfortigen römischen Triumphbogen und die *Friedenskirche (S. 26)* am Rande des Parks von Sanssouci der Basilika San Clemente in Rom.

In der Dortustraße und in der rechts abzweigenden Yorckstraße wurde 2001 ein 130 m langes Stück des ehemaligen Stadtkanals von der Friedrich-Ebert-Straße bis

Nach dem Vorbild von Inveraray Castle: das neogotische Nauener Tor

zur Wilhelm-Staab-Straße freigelegt, das seit 2002 bis zur Dortustraße fortgeführt wird. Damit hat Potsdam wieder einen Hauch von Venedig in seiner Stadt.

Über den *Neuen Markt (S. 34)* mit dem Kutschstall an der Westseite und der alten Stadtwaage in der Mitte, die zum Restaurant wurde, erreichen Sie die Schlossstraße hinter dem Marstall. Hier steht das Denkmal für *Friedrich Wilhelm von Steuben* (1730–94), den Helden des nordamerikanischen Unabhängigkeitskrieges. Steuben war nach dem Siebenjährigen Krieg in die Neue Welt ausgewandert, trat in die Armee von George Washington ein und hatte als Generalinspekteur erheblichen Anteil am Sieg über das britische Heer. Das Denkmal kam 1911 als Geschenk des US-Kongresses nach Potsdam, wurde 1950 von den kommunistischen Machthabern entfernt und nach deren Sturz wieder aufgestellt.

Nächste Station: die Friedrich-Ebert-Straße. Hier sehen Sie am Ende das *Nauener Tor (S. 35)*, errichtet nach dem Vorbild von Inveraray Castle in Schottland. Weiter geht es zum Bassinplatz. Die *Französische Kirche (S. 26)* gleicht dem Pantheon in Rom, und die Apsis der *Peter-Pauls-Kirche (S. 27)* am westlichen Platzende ähnelt der Hagia Sophia in Istanbul, während ihr Turm als Nachbildung des Campanile von San Zeno Maggiore in Verona entstand. Die Nordseite des Platzes begrenzt das *Holländische Viertel (S. 19)*.

2 BEVERLY HILLS AM GRIEBNITZSEE

Wer es sich leisten konnte, verließ in der zweiten Hälfte des 19. Jhs. die Zentren von Berlin und Potsdam. Am Südufer des Griebnitzsees, buchstäblich zu

Füßen des Kaiserschlosses Babelsberg, entstanden hochherrschaftliche Villen. Direkt neben dem Filmgelände der Ufa lebten zahlreiche Filmstars und Regisseure. Im Sommer 1945 wurde in Neu-Babelsberg Weltpolitik gemacht: Truman, Churchill, Attlee und Stalin wohnten hier während der Potsdamer Konferenz. Der Rundgang durch das geschichtsträchtige Viertel dauert etwa 120 Minuten.

Der Spaziergang beginnt am *S-Bahnhof Griebnitzsee,* der in den 1930er-Jahren den Namen Ufa-Stadt trug. Von hier aus geht es in die *Karl-Marx-Straße* hinein, die Hauptallee des Viertels, die einst Kaiserstraße hieß und einige Jahre *Straße der SA.* Die *Villa Müller-Grote* mit der Nr. 2 am Pfeiler der Gartenpforte, direkt am Griebnitzsee gelegen, ließ sich der Verleger Carl Müller-Grote 1892 als Sommersitz erbauen. Im Mai 1945 erhielt die Familie den Befehl der Sowjets, das Haus innerhalb weniger Stunden zu verlassen. Die östliche Siegermacht des Zweiten Weltkrieges hatte die Gründerzeitvilla für den amerikanischen Präsidenten Harry S. Truman ausgesucht, der nach Potsdam zum Gipfeltreffen der großen Drei kam. Truman residierte in der Villa, die er in seinen Memoiren »Little White House« nannte, vom 15. Juli bis 2. August 1945. Hier erteilte er als 33. Präsident der USA den Befehl zum Abwurf der ersten Atombombe. Ende 1998 erwarb die FDP-nahe Friedrich-Naumann-Stiftung von einer 17-köpfigen Erbengemeinschaft das Haus, für das mehr als 4,5 Mio. Euro gezahlt worden sind.

Es geht weiter zur Nr. 66 auf der linken Seite, der *Villa Lilienthal.* Der Architekt Gustav Lilienthal, der jüngere Bruder des Pioniers der Fliegerei Otto Lilienthal, hatte sich das Haus im englischen Tudorstil mit Zinnenkranz und Türmchen erbaut. In den 30er-Jahren diente die Villa als Ufa-Gästehaus, zum Beispiel für Heinz Rühmann und Willy Fritsch. Sie wohnten in guter Nachbarschaft, denn viele Filmstars nutzten die Nähe zu den Filmstudios der Ufa und kauften sich in der vornehmen Villengegend ein. Zu ihnen gehörte Gustav Fröhlich – damals der populärste deutsche Ufa-Schauspieler –, der auf der rechten Seite im Haus Nr. 8 wohnte. Der Filmstar bemühte sich, wie übrigens auch NS-Propagandaminister Goebbels, um die Zuneigung der Schauspielerin Lida Baarova. Fröhlich soll, so erzählte man sich seinerzeit, Goebbels geohrfeigt haben, als sich dieser der Baarova intim näherte. Seitdem wurde in Potsdam hinter der vorgehaltenen Hand gewitzelt: »Ich möcht auch mal fröhlich sein.« Das Haus von Marika Rökk und ihrem späteren Ehemann, dem Regisseur Georg Jacoby, steht in der Domstraße Nr. 28, in die Sie nun links einbiegen.

Etwa die Hälfte der edlen Liegenschaften befand sich bei Machtantritt der Nazis in jüdischem Eigentum, den Zwangskaufpreis behielten die Nazis als »Reichsfluchtsteuer« ein. Der jüdische Ufa-Produzent Alfred Zeisler beispielsweise, Namensgeber und Vorbesitzer der späteren Villa von Marika Rökk, lebte nach seiner Flucht aus Deutschland von Sozialhilfe und erklärte 1983: »Das Haus ist mir einfach weggestohlen worden. Ich habe keinen Pfennig gesehen.«

Jetzt geht es nach rechts, in die Rosa-Luxemburg-Straße, die frühere Augustastraße. Im Haus Nr. 27 wohnte von 1890 bis zu seinem Tod 1965 der kommunistische Arbeiterschriftsteller und Potsdamer Ehrenbürger Hans Marchwitza, dessen Bücher in der DDR viel gelesen wurden.

Das Haus Nr. 40 an der Ecke zur Maaß-Straße, die *Villa Wiener,* beherbergte von Mai 1934 bis April 1935 Konrad Adenauer und dessen Familie. Der spätere Bundeskanzler hatte sich hierher zu einem Freund zurückgezogen, nachdem er von den Nationalsozialisten als Oberbürgermeister von Köln und Präsident des Preußischen Staatsrates entlassen worden war.

Das Haus in der Rosa-Luxemburg-Str. 24 ist als *Richard-Tauber-Villa* bekannt, da in ihm in den 20er-Jahren der berühmte Tenor wohnte. Tauber musste als Jude nach der Machtergreifung der Nazis Deutschland verlassen. Schräg gegenüber, Johann-Strauß-Platz 11, liegt die *Villa Gugenheim,* in der nach 1938 die Schauspielerin Brigitte Horney wohnte. Die Villa im Stil eines alten englischen Landhauses versteckt sich hinter großen Bäumen, die einst der Bauherr, der jüdische Textilindustrielle Fritz Gugenheim, und sein Sohn Hans pflanzen ließen. An den erinnern noch die Initialen »H. G.« am schmiedeeisernen Eingangstor.

Rechtsherum biegen Sie in die Spitzweggasse ab. Die prachtvolle *Villa Sarre* mit der Nr. 6 ließ sich der Kunsthistoriker Friedrich Sarre im italienischen Renaissancestil erbauen. Sarre war Direktor der Islamischen Abteilung des Berliner Pergamonmuseums. Den 12 m langen, farbigen Löwenfries, der unter dem überdachten Turmgang zu sehen ist, brachte er von einer seiner zahlreichen Orientreisen mit.

Fast am Ende der Spitzweggasse steht die *Villa Riehl* mit der Nr. 3. Besitzer des Hauses, das einem italienischen Landhaus ähnelt, war der Philosophieprofessor Alois Riehl, Verfasser der ersten, 1887 erschienenen Biografie des Philosophen Friedrich Nietzsche. Die 1907 gebaute ockerfarbene Villa gilt als das Erstlingswerk von Ludwig Mies van der Rohe, der später als Bauhausdirektor Weltruhm erlangte.

Neu-Babelsberg lag zu DDR-Zeiten direkt an der Grenze zu Westberlin, der Griebnitzsee war geteilt. Für die zwangsenteigneten Villen und Landhäuser fühlte sich niemand zuständig, und so verkamen sie arg. Nach der Einheit haben viele der ehemaligen Besitzer ihr Eigentum zurückerhalten und wieder gerichtet. Doch immer noch sind einige Eigentumsverhältnisse umstritten. Wer ist der eigentliche Besitzer: Die Nachkommen der während der Nazizeit enteigneten Juden? Oder die Nachkommen derjenigen, die die Häuser danach meist redlich erworben haben?

Aufmerksamkeit verdient auch das Gelände am Ende der Spitzweggasse. Hier steht die nicht übersehbare *Babelsberger Sternwarte,* die 1913 als Nachfolgeeinrichtung der Berliner Universitätssternwarte erbaut wurde. Sie war einst das bestausgerüstete Observatorium Europas. Von der Spitzweggasse führt ein schmaler Treppenweg hinunter zur Karl-Marx-Straße, die Sie in Richtung S-Bahnhof zurücklaufen. Das Haus Nr. 23, in das

Insider Tipp

1926 der Berliner Bankier Mosler zog, ist ebenfalls ein Mies-van-der-Rohe-Bau. Aber selbst in der Van-der-Rohe-Ausstellung Anfang 2002 im Berliner Alten Museum wurde es nicht erwähnt.

Auf dem Grundstück mit der Nr. 27 steht die *Villa Herpich*. Der Mitinhaber des Berliner Kaufhauses für Gardinen, Wäsche, Stoffe und Teppiche »C. A. Herpich Söhne« hatte sich das zweigeschossige Haus 1911 erbauen lassen. 1945 musste auch dieses binnen weniger Stunden geräumt werden: für den sowjetischen Diktator Josef Stalin, der hier während der Potsdamer Konferenz residierte.

Von der Villa Herpich biegen Sie etwa 300 m weiter links in die lindengesäumte Virchowstraße ein, denn dort steht die *Villa Urbig* mit der Nr. 23 am Eingangspfeiler. Auch der Entwurf für dieses Haus stammt von Mies van der Rohe. Bauherr war der Bankier der Deutschen Bank, Franz Urbig. 1945, während der Potsdamer Konferenz, zog in das Haus der englische Premierminister Winston Churchill, dem später Premier Clement Attlee folgte.

Das parkartige Grundstück Virchowstr. 1–3 besaß einst der Potsdamer Schulrat Wilhelm von Türk, ein Verfechter der Ideen des Pädagogen Pestalozzi. Deshalb heißt das in der Mitte stehende Haus *Villa Türk*. Die drei modernen Häuser auf dem Grundstück wurden 1997 fertig gestellt. Die Villa Türk hatte Ende der 1920er-Jahre der damalige Großindustrielle Günther Quandt gekauft, bei dem Joseph Goebbels als Hauslehrer angestellt war. Goebbels beschäftigte sich aber nicht nur mit den Quandt-Kindern, sondern auch mit deren Mutter Magda. Der Industrielle ließ sich 1929 scheiden, zwei Jahre später wurde aus Frau Quandt die Gemahlin von Joseph Goebbels.

Villa Türk: Hier arbeitete der junge Joseph Goebbels als Hauslehrer

Große und kleine Entdeckungen

Per Schiff, Auto und zu Fuß die Umgebung erkunden

GROSSE INSELRUNDFAHRT

Die Schiffsreise führt auf der Havel entlang und über mehrere Havelseen. Dabei geht es rund um die Potsdaminsel, Stationen sind Caputh und Werder. Die Fahrt mit einem Schiff der Weißen Flotte dauert von Potsdam, Lange Brücke, etwa vier Stunden. Wer sein eigener Kapitän sein möchte, mietet sich ein Boot und schippert damit unabhängig von jedem Fahrplan übers Wasser.

Potsdam wurde auf einer Insel erbaut! Manch einer zweifelt daran – diese Schiffsreise liefert den Beweis. Los geht es unterhalb des aufragenden Hotels Mercure, das 1969 unter dem Namen Interhotel Potsdam die ersten Gäste empfing **[107 F4]**. Nach dem *Brauhausberg* auf der linken Seite mit dem Landtagsgebäude, dessen Turm aus den Bäumen schaut, treten die beiden Ufer zurück. Kurz darauf weitet sich die Havel zum 5,5 km langen und bis zu 1,3 km breiten *Templiner See.* Seit 1955/56 wird er durch einen 1250 m langen Bahndamm mit überbrückter Durchfahrt geteilt. Die DDR schloss mit dem Damm den Eisenbahnring um Berlin, ihre Züge brauchten somit nicht durch Westberlin zu fahren.

Die Weiße Flotte bringt Sie an viele Ziele in Potsdams Umgebung

Hinter dem Bahndamm ragt links eine kleine Landzunge ins Wasser, die dem See den Namen gab – Templin. Wenn Sie jetzt nach rechts schauen, sehen Sie das Waldgebiet *Pirschheide,* einst königliches Jagdrevier. Nach etwa 40 Minuten Fahrt erreicht das Schiff das verträumte *Caputh* **[112 C4–5]**. Durch einen Verbindungsgraben, Caputher Gemünde genannt, gleitet das Schiff in den 6 km langen und bis zu 2 km breiten *Schwielowsee.* Auf der linken Seite erscheint die Silhouette des Schlosses Petzow, die Häuser auf der rechten Seite gehören zu *Geltow* **[112 C4]**.

65 Minuten sind seit dem Ablegen in Potsdam vergangen, wenn der Kirchturm von *Werder* **[112 C4]** auftaucht. Ausflugsfahrten nach Werder waren auch schon im letzten Jahrhundert ein beliebtes Freizeitvergnügen.

Hinter der Eisenbahnbrücke von Werder liegt der *Große Zernsee.* Schilf und sumpfige Wiesen bilden das Ufer, nur ab und zu sind einige Häuser zu sehen, die zur

Goldglänzend und Wasser speiend: Löwenstatue im Park Klein Glienicke

Ortschaft *Golm* **[112 C3]** gehören. Kleine Boote dümpeln auf dem Wasser, Schleppkähne werden überholt, im Schilf am Ufer stehen Reiher. Nach dem Kleinen Zernsee passiert das Schiff *Phöben* und erreicht dann auf der Havel das Dorf *Paretz* **[112 B2]**, der Lieblingsort von Königin Luise, der Gemahlin von Friedrich Wilhelm III. Wegen ihrer schlichten Lebensführung und ihrer nationalbewussten Haltung wurde die 1810 mit nur 34 Jahren verstorbene Luise zur Legende.

In einem scharfen Bogen manövriert der Kapitän das Schiff nach rechts in den Ende des 19. Jhs. gebauten *Sacrow-Paretzer-Kanal.* Rechter Hand versteckt sich jenseits eines baumbestandenen Damms der für die Fischzucht genutzte *Göttinsee.* Hinter der Autobahnbrücke liegt der stark verkrautete *Schlänitzsee* mit dem Dorf *Marquardt* **[112 C3]** an seinem Nordostufer.

An Schlänitz vorbei geht es weiter zum *Fahrlander See,* den ein künstlicher Damm und Gitter vom Kanal trennen, damit die im See gezüchteten Fische nicht ausreißen können. Es folgt der schmale *Weiße See* mit Neu-Fahrland am Nord- und Nedlitz am Südufer.

Wenig später taucht der *Jungfernsee* **[104 A–B 3–4]** auf, der die Potsdam-Insel von der Halbinsel Königswald linker Hand trennt. Zu DDR-Zeiten war privater Schiffsverkehr an dieser Stelle nicht möglich, das Schiff durchfährt einstiges Grenzgebiet. Sie befinden sich mitten auf dem früheren deutsch-deutschen Todesstreifen, der Tag und Nacht streng bewacht wurde.

Die *Glienicker Brücke* **[104 C5]** ist eine von etwa zehn Verbindungen zwischen der Potsdam-Insel und dem Umland. Am *Tiefen See* entlang erstreckt sich die Berliner Vorstadt mit ihren prachtvollen Villen, oft direkt am Wasser gelegen. Schließlich, hinter der Humboldtbrücke, teilt sich die Havel in zwei Flussarme, die Alte und die Neue Fahrt. Das Schiff umfährt auf dem linken Arm die *Freundschaftsinsel* **[107 F3]** und legt wenig später wieder hinter der Langen Brücke an.

Auskunft über Abfahrtszeiten und Preise: *Weiße Flotte, An der*

Langen Brücke, Tel. 275 92 10/20, Fax 29 10 90, www. schiffahrt-in-potsdam.de.

WANNSEERUNDFAHRT

»Pack die Badehose ein ...«, sang Cornelia Froboes und machte das Lied zum Schlagerhit der 1950er-Jahre. »Wannseerundfahrt« heißt diese Schiffsreise über sieben Seen, die auch an dem von Conny Froboes genannten Strandbad Wannsee vorüberführt. Von Potsdam, Lange Brücke, dauert die Tour mit einem Schiff der Weißen Flotte zwei Stunden.

Die Schiffsreise beginnt in Potsdam an der Langen Brücke. Vorbei an der Freundschaftsinsel und über den Tiefen See erreichen Sie die *Glienicker Lake* **[104–105 C–D6]**. Das Schiff biegt nach rechts in den *Griebnitzsee* ein, der die Grenze zwischen dem Bundesland Brandenburg und der Hauptstadt Berlin bildet. Rechter Hand dehnt sich der *Park Babelsberg* aus, linker Hand der Park von *Klein-Glienicke.* Danach kommt das Grün des Berliner Forstes, ein Waldgebiet, das fast die gesamte Wannsee-Insel bedeckt. Die herrlichen Villen, an denen das Schiff vorübergleitet, gehören zu *Neu-Babelsberg* **[109 E2]**. Wenig später passieren Sie die Einfahrt zum 38 km langen, 1906 vollendeten Teltow-Kanal. Bis zu 2500 Arbeiter haben hier seinerzeit gebuddelt und so eine der wichtigsten Wasserstraßen für die damalige Hauptstadt des Deutschen Reiches geschaffen.

Von hier aus geht es nun hinein in den ersten Teil des Prinz-Friedrich-Leopold-Kanals, seit Beginn des 20. Jhs. die Verbindung zwischen *Griebnitzsee* und dem *Großen Wannsee.* Wenn links die ersten Häuser des Berliner Ortsteils Wannsee auftauchen, ist der Stölpchen-

»... und dann gehen wir auf zum Wannsee!«

see nahe. Weiter fährt das Schiff bis zum *Pohlesee*. Bald darauf erscheint am rechten Ufer des Großen Wannsees das *Strandbad Wannsee* **[113 E3]**, das größte Binnenseebad Europas, mit einem fast 1300 m langen Sandstrand.

Voraus taucht die *Pfaueninsel* auf, wunderschön gelegen inmitten der altmärkischen Landschaft. Das Schloss versteckt sich hinter Bäumen und zeigt sein strahlendes Weiß erst, wenn das Schiff die Insel passiert hat. Links sind die Kirche St. Peter und Paul und danach das im russischen Blockhausstil erbaute Restaurant Nikolskoe zu sehen. Rechts kommt die Heilandskirche von *Sacrow* **[113 D3]** ins Bild. An der Langen Brücke endet die Sieben-Seen-Fahrt. Wer's kürzer mag und nostalgisch veranlagt ist, bucht Insider Tipp die Schlösserrundfahrt auf dem 1908 erbauten Oldie-Dampfer »Gustav«, die 90 Minuten dauert. Auskunft über Zeiten und Preise: *Weiße Flotte, An der Langen Brücke, Tel. 275 92 10/20, Fax 29 10 90, www.schiffahrt-in-potsdam.de*

LEHNIN

[112 A5] Theodor Fontane hat Lehnin weithin bekannt gemacht, wo aus einem königlichen Traum ein Kloster entstand. Etwa 30 km sind es von Potsdam – das auf der B 1 verlassen wird – in den südwestlich gelegenen Ort.

Ein Traum unter einer mächtigen Eiche habe Markgraf Otto I. 1180 veranlasst, das *Kloster Lehnin* zu gründen. Fontane nannte es »eine gotische Stadt im Kleinen«. Das älteste Zisterzienserkloster der Mark Brandenburg überrascht nicht nur durch seine ausgeprägte Backsteingotik, sondern auch durch seine Geschäftigkeit. Die Klosteranlage befindet sich im Besitz der Evangelisch-Lutherischen Kirche, die es zu einem modernen Zentrum christlicher Selbstbestimmung machte. Im Klostergelände weisen Orientierungstafeln den Weg zu den einzelnen historischen Bauten, so zum *Abtshaus* (Königshaus) und zur für Besichtigungen geöffneten *Klosterkirche*, einem der ältesten norddeutschen Backsteinbauten *(Mai–Sept. Mo–Fr 9–12, 13–16, Sa 11–12, 13–17, So 13–17, Okt. bis April Mo–Fr 10–12, 13–16, Sa/So 11–12, 13–16 Uhr)*. In die Altarstufen ist der Baumstumpf eingearbeitet, auf dem Markgraf Otto I. seinen berühmt gewordenen Traum gehabt haben soll. Von Mai bis Ok-

Kloster Lehnin: die älteste Zisterzienserabtei der Mark Brandenburg

Insider Tipp tober finden die *Lehniner Sommermusiken* in der Kirche statt *(www.klosterkirche-lehnin.de)*. Am Ufer des Klostersees sind im *Skulpturengarten* wechselnde Ausstellungen zu sehen *(Straße am Klostersee, Mai–Okt. tgl. 10–18 Uhr)*. Von Lehnin führen mehrere Wanderwege in die schöne Umgebung.

SÜDWESTFRIEDHOF STAHNSDORF

[113 E–F4] Der Südwestfriedhof in Stahnsdorf vereint Garten- und Friedhofskunst, Architektur und Skulptur. Als Gesamtanlage steht er unter Denkmalschutz. Auf dem 2 km² großen Südwestfriedhof, etwa 15 km östlich von Potsdam, fanden viele historische Persönlichkeiten ihre letzte Ruhestätte, er ist einer der größten deutschen Begräbnisplätze. Planen Sie für einen Besuch mindestens drei Stunden ein.

Sie betreten den Friedhof am Eingang an der Bahnhofstraße. Von dort führt der Weg in Richtung Kapelle. Gleich rechts (Block Heiligegeist, Gartenblock VI) liegt Generaloberst *Alexander von Kluck* (1846 bis 1934) begraben, einer der Befehlshaber im Ersten Weltkrieg. Den Hauptweg weitergehend kommen Sie zur 1911 fertig gestellen *Holzkapelle,* die nach dem Vorbild mittelalterlicher norwegischer Stabkirchen entstand.

Gegenüber, im Kapellenblock, fällt die Grabstätte der Kaufmannsfamilie *Julius Wissinger* (1848 bis 1920) auf. Die expressionistische Arkadengestaltung, die wegen ihrer Ungewöhnlichkeit zu heftigen Disputen führte, hat vermutlich der Architekt Max Taut entworfen. Südwestlich davon (Trinitatis, Feld 8) das Grab des Malers und Grafikers *Lovis Corinth,* Hauptvertreter des deutschen Impressionismus.

Die Grabmalgestaltung auf dem Südwestfriedhof reicht vom schlichten Holzkreuz (für *Olga von Tolstoi;* Block Trinitatis, Feld 33) bis zu monumentalen Mausoleen (für den Verlagsgründer *Gustav Langenscheidt;* Erbbegräbnisreihe). Oft sind es künstlerisch bedeutende Arbeiten, deren Schöpfer aber vielfach nicht ermittelt werden konnten. Etliche der namhaften Personen ruhen unter schlichten Findlingen, so (Block Epiphanien, Feld 14) der berühmte Berliner Maler und Zeichner *Heinrich Zille* (1858–1929). Etwas abseits vom Hauptweg – und deshalb meist übersehen – befindet sich das schlichte Grab (Trinitatis, Gartenblock V) von *Elisabeth Baronin von Ardenne* (1853–1952). Die Großmutter des 1997 verstorbenen Wissenschaftlers Manfred von Ardenne, dem Inhaber von mehr als 600 Patenten, diente Theodor Fontane als Vorbild für seine Effi Briest. Insider Tipp

Über 100 000 Bestattungen fanden auf dem Südwestfriedhof statt. »Unter jedem Grabstein liegt eine Weltgeschichte«, hat Heinrich Heine einmal geschrieben. Wer hat schon die Zeit, sich mit 100 000 »Weltgeschichten« zu beschäftigen? Deshalb besuchen die meisten Besucher nur die Grabstätten der Prominenten, zu denen auch der Komponist der Oper »Hänsel und Gretel« *Engelbert Humperdinck* (1834–1921) und der DDR-Schauspielstar *Hanjo Hasse* (1921–83) gehören. *Friedhof April–Sept. 7–20, Okt.–März 8–17 Uhr, www.suedwestkirchhof.de*

Angesagt!

Events, Meetings und Aktionen, die Sie kennen und nicht verpassen sollten!

Hip-Hop-Openair
Mancher kommt von weither angereist, wenn das Waschhaus im Sommer zu seinen Hip-Hop-Openairs lädt. Den Veranstaltern gelang es bislang immer, bekannte deutsche Hip-Hop-Acts auf die große Openairbühne in der Schiffbauergasse zu locken. *www.waschhaus.de*

Studententrends
Studenten haben ihre Kneipen die »in« sind, warum, das weiß eigentlich niemand so recht zu sagen. In Potsdam sind es das *Hafthorn* in der Friedrich-Ebert-Str. 90 und das *Pub a la Pub* in der Breiten Str. 1. Beliebt ist auch der *Nil-Studentenclub* (neun Sorten Bier!), Am Neuen Palais, Haus 11.

Lauftreff
In den Wintermonaten werden regelmäßig die Schuhe geschnürt, denn dreimal wöchentlich geht es am Persius-Speicher in der Zeppelinstraße 136 (am Relax-Center) los. Auf beleuchteten Wegen und Flächen wird gelaufen, gewalkt, gejoggt oder was es sonst noch gibt. Ab Ostern ist dann Nordic Walking angesagt. In der Gruppe geht es – meist mit viel Gaudi – rund um die Schlösser, an der Havel entlang oder durch den Wald. Termine und Uhrzeiten unter *Tel. 97 91 99 00*

Ostalgie
In den Potsdamer Supermärkten ist zu beobachten, dass wieder zunehmend zu den nach der Einheit aussortierten Ostprodukten wie *Filinchen* und *Club Cola* gegriffen wird. Die *Soljanka* findet sich auch in Potsdam wieder auf vielen Speisekarten, und *Amiga-Schallplatten* mit Musik von den einstigen DDR-Bands stehen in den Antiquitätengeschäften hoch im Kurs. »Ostalgie« sagen Wissenschaftler zu diesem Phänomen.

Salsa
Potsdam ist im Salsafieber, könnte man meinen. Das Palmenzelt am Hafen an der Langen Brücke, das Theaterschiff und im Sommer etliche Openairs, darunter die große Salsaparty Ende August am Nauener Tor, laden zu den temperamentvollen karibischen Rhythmen ein. Um fit für die Tanzfläche zu sein, bietet der *Club Latino* sogar Salsakurse an. *www.club-latino.de*

Von Anreise bis Wetter

Hier finden Sie kurz gefasst die wichtigsten Adressen und Informationen für Ihre Potsdam-Reise

ANREISE

Auto
Die Stadt ist gut über die Autobahn zu erreichen. Auf dem Berliner Ring fahren Sie bis Abfahrt Potsdam Nord und weiter auf der B 273. Oder von Süden Abfahrt Potsdam Süd, weiter auf der B 2. Wer längere Autostrecken scheut, für den bieten sich die *Autozug-Terminals* in Dortmund, Köln und München nach Berlin-Wannsee an.

Bahn
Potsdam verfügt über *IC-Fernverbindungen* aus Richtung Westen, ansonsten können Sie Potsdam bequem über Berlin erreichen. Aus Südwesten ist die An- und Abreise mit dem modernen Nachtreisezug *Berliner* der City-Night-Line angenehm. Ab Zürich geht es mit Zustieg in Basel, Freiburg, Offenburg, Karlsruhe, Mannheim und Frankfurt/Main nach Berlin und von dort mit der Regionalbahn nach Potsdam *(Tel. 01805/21 34 21, www.citynightline.ch)*. Von den Berliner Fernbahnhöfen fährt die *S-Bahnlinie 7* nach Potsdam. Sie hält auf den Bahnhöfen *Griebnitzsee, Babelsberg* und *Hauptbahnhof*.

Flugzeug
Die nächstgelegenen Flughäfen für den internationalen Verkehr befinden sich in Berlin: *Tegel* im Norden, *Tempelhof* in der Mitte und *Schönefeld* im Süden.

AUSKUNFT

Potsdam-Information [107 E3]
Die Potsdamer Touristenzentrale erteilt Auskünfte, gestaltet individuelle Tages- und Mehrtagesfahrten, bietet Stadtrundfahrten an, verkauft Publikationen und vermittelt Hotelzimmer und andere Unterkünfte in Potsdam und in der Umgebung. *April–Okt. Mo–Fr 10 bis 18, Sa/So 10–16, Nov.–März Mo–Fr 10–18, Sa/So 10–14 Uhr, Friedrich-Ebert-Str. 5 (Alter Markt), 14467 Potsdam, Tel. 0331/27 55 80, Fax 275 58 29, info@potsdam.de*

FAHRRADVERLEIH

Fahrräder vermietet das ganze Jahr über täglich 9–20 Uhr *Cityrad* in den Bahnhofspassagen *(Tel. 620 06 06, www.exklusiv.potsdam.de)*. Nur von Karfreitag bis Ende Oktober, dann aber ebenfalls täglich

9–18.30 Uhr bietet *Potsdam per Pedales* im Bahnhof Griebnitzsee Fahrräder zur Erkundung von Stadt und Umgebung an *(Tel. 748 00 57, www.potsdam-per-pedales.de)*.

FUNDBÜRO

Das städtische Fundbüro befindet sich im Stadthaus **[107 E1]**, *Friedrich-Ebert-Str. 79–81, Tel. 289 15 87*.

INTERNET

Fast alles über die Stadt Potsdam: *www.potsdam.de*
Die offizielle Seite der Potsdam Tourismus GmbH: *www.potsdam-tourismus.de*
Infos zur Verkehrslage und Parkplätzen: *www.mobil-potsdam.de*
Infos über Programme und Termine: *www.kulturfeste.de*
www.brandenburg-termine.de
Kinos in Potsdam: *www.kino-potsdam.de, www.uci-kinowelt.de*

INTERNETCAFÉ

Zentral in der Stadtmitte liegt das *Mediacafé Hellnet* **[107 E3]**, *Schloßstr. 13, Tel. 23 70 00 05, potsdam@hellnet.com*. Hier können Sie an 30 modernen Computern mit 17-Zoll-Flachbildschirmen tgl. 10–1 Uhr chatten und surfen.

NOTRUFE

Polizei *110*
Feuerwehr und Notarzt *112*
Kassenärztlicher Notdienst *71 33 00*

ÖFFENTLICHE VERKEHRSMITTEL

Das Straßenbahn- und Busnetz ist gut ausgebaut, sodass jeder schnell an sein Ziel gelangt. Am Tag besteht mindestens ein 20-Minuten-Takt. Fahrausweise bekommen Sie an den Automaten im ersten Wagenzug der Straßenbahnen und Busse, sie sind aber auch im Vorverkauf erhältlich, unter anderem im *VIP-Kundenzentrum* in der Wilhelmgalerie **[107 F2]**. Im Vorverkauf erworbene Fahrausweise müssen in Bus und Bahn entwertet werden.

Potsdam und Berlin bilden einen Verkehrsverbund. Es bestehen die beiden Tarife *Potsdam und das Umland* (ohne Berlin) und *für Berlin und das Umland* (mit Potsdam) mit den Tarifzonen A, B und C.

Insider Tipp Hilfe im Tarifdschungel finden Sie unter der *VIP-Kunden-Hotline (Tel. 661 42 75)*, in den Kundenzentren in der Wilhelmgalerie, im Hauptbahnhof und in Babelsberg sowie im Internet unter *www.vip-potsdam.de.*

Was kostet wie viel?

Kaffee	**ca. 1,90 Euro** eine Tasse
Bier	**ca. 2 Euro** 0,3 l vom Fass
Museum	**8 Euro** Führung im Schloss Sanssouci
Kino	**4,50 Euro** im Filmmuseum
Fahrrad	**13 Euro** Miete für einen Tag
Straßenbahn	**1 Euro** Kurzstrecke 6 Haltestellen

ÖFFNUNGSZEITEN

Wer bei den Restaurants sichergehen möchte, ob und wie lange geöffnet ist, sollte sich telefonisch erkundigen. In den Orten der Umgebung schließen die Häuser oft mit dem letzten Gast. Kleinere Restaurants haben, vor allem im Winter, vielfach einen Ruhetag. Essens- und Öffnungszeiten sind meist nicht identisch. Kleinere Geschäfte, vornehmlich in der Umgebung Potsdams, haben oft eine ein- oder auch zweistündige Mittagspause.

In den Wintermonaten bleiben in Potsdam und in der Umgebung einige Schlösser geschlossen. Die Kirchentüren öffnen sich nur dann zu Besichtigungen, wenn sich Gemeindemitglieder dafür ehrenamtlich zur Verfügung stellen. Im Pfarrhaus ist man aber fast immer bereit, interessierten Besuchern die Kirche aufzuschließen.

PARKEN

Am günstigsten ist es, wenn Sie das Auto am Hotel stehen lassen und dann die öffentlichen Verkehrsmittel nutzen oder die kleine Bahn *Sanssouci-Express*, die zwischen dem Park Sanssouci und dem Neuen Garten pendelt. Am *Schloss Sanssouci* und auch am *Neuen Palais* gibt es große, kostenpflichtige Parkplätze. Unter dem *Luisenplatz* können Sie auch in einer Tiefgarage parken.

POTSDAM CARD

Die Bonuskarte kostet 9,80 Euro und gilt drei Tage. Sie ist Freiticket für die Busse und Straßenbahnen in der Stadt, ferner erhalten Sie Ermäßigungen zwischen 10 und 25 Prozent beim Besuch von zahlreichen Sehenswürdigkeiten. Angeboten wird die Potsdam Card in der Touristinformation, den Kundenzentren der Verkehrsbetriebe und zahlreichen Hotels.

STADTBESICHTIGUNGEN

Von April bis Oktober findet Di–So 11 Uhr eine *Stadtrundfahrt* mit Besichtigung von Schloss Sanssouci statt, Dauer 3,5 Stunden. Wer ohne Schloss und Park bucht, für den endet das Programm nach 1,5 Stunden. Das ganze Jahr über werden verschiedene thematische Führungen durchgeführt, über die ebenfalls die Potsdam-Information Auskunft erteilt *(Tel. 275 58 50)*.

Geführte *Radtouren* mit Witz und Esprit durch Potsdam und in die Umgebung führt *potsdam per pedales* durch *(Tel. 748 00 57, www.potsdam-per-pedales.de)*.

TAXI

Zentrale Vermittlung rund um die Uhr: *Tel. 29 29 29.* Im Stadtzentrum gibt es u. a. Standplätze am *Luisenplatz* **[109 D2]**, *Platz der Einheit* **[107 E3]**, *Hauptbahnhof* **[107 F4]**.

TELEFON & HANDY

Vorwahl Potsdam: *0331*
Potsdam hat, wie fast alle ostdeutschen Städte, eines der modernsten Telefonnetze in Deutschland. Handybesitzer müssen nur in der Umgebung mit kleinen Funklöchern rechnen. Die reichlich vorhandenen öffentlichen Telefone sind meist nur mit Karten zu benutzen.

VERANSTALTUNGSTIPPS

Monatlich erscheint kostenlos »Events – das Potsdamer Stadtmagazin« mit Szenetipps und Veranstaltungskalender. Infos im Internet: *www.bewegungsmelder.de*

Wetter in Potsdam

	Jan.	Feb.	März	April	Mai	Juni	Juli	Aug.	Sept.	Okt.	Nov.	Dez.
Tagestemperaturen in °C	2	4	8	13	19	22	23	22	19	13	6	3
Nachttemperaturen in °C	–3	–3	0	3	8	10	13	12	9	5	1	–2
Sonnenschein Std./Tag	2	2	5	6	8	8	8	7	6	4	2	1
Niederschlag Tage/Monat	10	9	8	9	8	9	10	9	8	8	9	9

Cityatlas Potsdam

Die Seiteneinteilung für den Cityatlas finden Sie auf dem hinteren Umschlag dieses Reiseführers

Kartenlegende Cityatlas

Autobahn Motorway	Autoroute Autosnelweg
Schnellstraße Multilane divided motorroad	Route à chausées séparées Autoweg met gescheiden rijbanen
Bundesstraße National road	Route nationale Nationale weg
Hauptstraße Main road	Route principale Hoofdweg
Straßentunnel Road tunnel	Tunnel routier Galleria
Fuß-, Feld-, Waldweg Foot-, field-, woodpath	Sentier, chemin rural, -forestier Voetpad, landweg, bospad
Treppe - Fußgängerzone Steps - Pedestrian zone	Escalier - Zone piétonne Trap - Voetgangerzone
Einbahnstraße One way street	Voie à sens unique Straat met eenrichtingsverkeer
Eisenbahn mit Bahnhof Railway with station	Chemin de fer avec gare Spoorweg met station
S- Bahn mit Station Rapid transit with station	Train rapid avec gare Stadspoor met station
U-Bahn mit Station Underground with station	Métro avec station Ondergrondse spoorweg met station
Straßenbahnlinie mit Endstelle Tramway with terminus	Ligne de tram avec terminus Tramlijn met eindpunt
Buslinie mit Endstelle Bus route with terminus	Ligne d'autobus avec terminus Buslijn met eindpunt
Fluss mit Fähre River with ferry	Rivière avec bac Rivier met veerboot
Bebauung, öffentliches Gebäude Industriegelände Built-up area, public building Industrial area	Terrain bâti, bâtiment public Terrain industriel Woongebied, openbaar gebouw Industriegebied
Park, Wald - Friedhof Park, wood - Cemetery	Parc, bois - Cimetière Park, bos - Begraafplaats
Quelle - Wasserbehälter Spring - Reservoir	Source - Reservoir d'eau Bron - Waterreservoir
Parkplatz - Parkhaus Car park - Parking house	Parking - Bâtiment parking Parkeerplats - Parkeergarage
Kirche - Denkmal Church - Monument	Eglise - Monument Kerk - Monument
Synagoge - Moschee Synagogue - Mosque	Synagogue - Mosquée Synagoge - Moskee
Feuerwache - Krankenhaus Fire brigade - Hospital	Poste de pompiers - Hôpital Brandweer - Ziekenhuis
Polizeiwache - Post Police - Post office	Police - Bureau de poste Politie - Postkantoor
Jugendherberge - Campingplatz Youth hostel - Camping site	Auberge de jeunesse - Camping Jeugdherberg - Camping
Turm - Funkturm Tower - Radio tower	Tour - Tour radio Toren - Zendemast
Hervorragende Bäume Outstanding trees	Arbes isolés Markante bomen
Mühle - Wassermühle Windmill - Watermill	Moulin à vent - Moulin à eau Windmolen - Watermolen
Stadtspaziergänge City walks	Promenades en ville Wandelingen door de stad

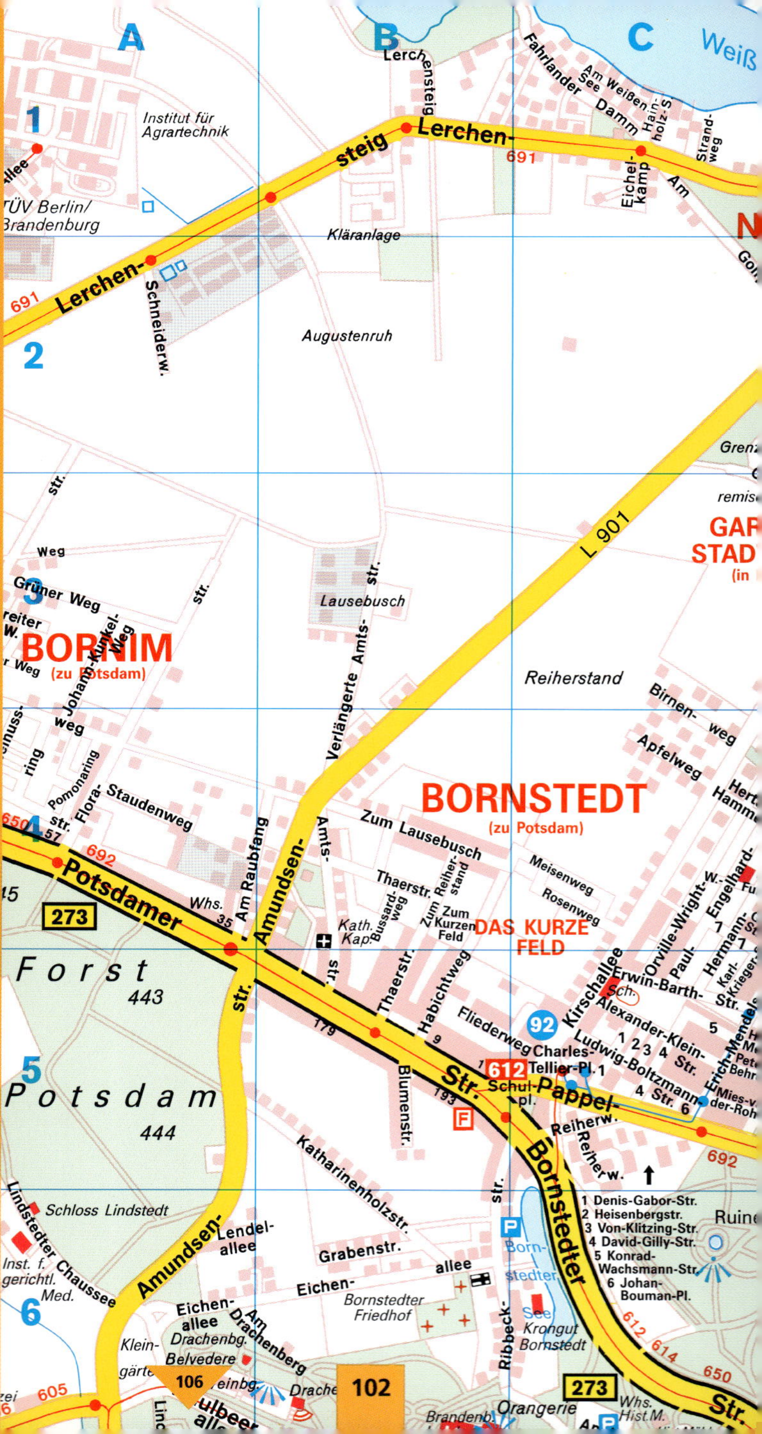
A
B
C
1
2
3
4
5
6
Weiß
Lerchensteig
Fahrlander See
Am Weißen See
Damm
Hainholz-S.
Strandweg
Lerchen-
steig
691
Eichelkamp
Am
Institut für Agrartechnik
allee
TÜV Berlin/
Brandenburg
Kläranlage
Lerchen-
Schneiderw.
Augustenruh
L 901
Grenz
remise
GAR
STADT
(in
str.
Weg
Grüner Weg
str.
Lausebusch
str.
Verlängerte Amts-
BORNIM
(zu Potsdam)
Johann-Kunkel-Weg
weg
ring
Reiherstand
Birnen-
weg
Apfelweg
BORNSTEDT
(zu Potsdam)
Pomonaring
Flora-
str.
Staudenweg
650
57
692
Potsdamer
Str.
273
Am Raubfang
Whs.
35
Amundsen-
str.
Amts-
str.
Zum Lausebusch
Thaerstr.
Zum Reiherstand
Zum Kurzen Feld
Bussard-weg
Kath. Kap.
Meisenweg
Rosenweg
DAS KURZE FELD
Thaerstr.
Habichtweg
Fliederweg
Kirschallee
Sch.
Erwin-Barth-
Orville-Wright-W.
Paul-
Engelhard-
Hermann-
Karl-
Krieger-
Str.
Alexander-Klein-
Str.
Ludwig-Boltzmann-
Str.
Erich-Mendelsohn-
Mies-v.-der-Rohe
Charles-Tellier-Pl.
92
612
Schulpl.
Pappel-
Forst
443
Potsdam
444
179
193
Blumenstr.
Katharinenholzstr.
Reiherw.
Reiherw.
692
Bornstedter
str.
Schloss Lindstedt
Lindstedter Chaussee
Inst. f. gerichtl. Med.
Amundsen-
Lendel-
allee
Grabenstr.
Eichen-
allee
Bornstedter Friedhof
Eichen-
allee
Am Drachenberg
Drachenbg.
Belvedere
Klein-
gärte
Bornstedter See
Krongut Bornstedt
Ribbeck-
1 Denis-Gabor-Str.
2 Heisenbergstr.
3 Von-Klitzing-Str.
4 David-Gilly-Str.
5 Konrad-Wachsmann-Str.
6 Johan-Bouman-Pl.
Ruine
605
612
614
650
273
Str.
Whs. Hist.M.
Orangerie
Brandenb.
Drache
Maulbeer-
allee

106

Neu Fahrland
(Amt Fahrland)
E
F
D
300 m
1
2
3
4
5
6
Nedlitz. Brücke
See
Brücke des Friedens
Tschudistr.
A.Gr.Horn
Großes Horn
steig
Lerchensteig
691
NEDLITZ
(zu Potsdam)
Wasserwerk
str.
Nedlitzer
Nedlitzer
7548
Holz
Bau-
gebiet
604 609 638 639 691 697
Am Vogelherd
Golfplatz
Remisenpark
EN-
SÜD
Kirschallee
F.-v.-der-Lanken-Str.
Graf-von-Schwerin-Str.
Vogelweide
Bertini-weg
Bertini-
Wasserstraßenhauptamt
1 Friedrich-Klausing-Str.
remise
Viereck-
Nedlitzer Holz
Am Golfplatz
An der Roten Kaserne
Allee
Viereck-remise
90
95
Nietnerstr.
Promenade
Allee
Wright-
Mendelsohn
Kleingartenver.
Höhen-
str.
B.-Tautstr.
Nelkenweg
Rosenweg
Wickenweg
Am Reiherbusch
Am Hang
Am Pfingst-
Kleingtn.
berg
str.
692
33
Meierei
Georg-Hermann-
Allee
Arendt-S.
Angermannstr.
Volkspark
Gärtner-u. Bauernmarkt
Potsdam
Parkbühne
Esplanade
Haupteingang
NAUENER
Pfingstbg.
Belvedere
VORSTADT
(zu Potsdam)
Pomonatempel
Jüd. Friedhf.
Langhansstr.
Garten
Biosphäre Potsdam
Waldpark
Melchior-Bauer-Str.
Großer
Wiesenpark
Eingang Parktor
Kiepenheuer-
Kleiner
Wiesen-
park
2 Gertrud-Feiertag-Str.
Hermann-Käsack-Str.
Reinhold-Schneider-Str.
Jochen-Klepper-Str.
Horst-Bienek-
Annem.-Wolf-Pl.
609
691
697
Carl-Christian-Horvath-Str.
92 95
Puschkinallee
Russ.-Orth. K.
Kapellenberg
Russ. Kolonie
Hessestr.
Persius-str.
Pfingst-K.
Leistikow-str.
Neuer
Glume-str.
Große Weinmeister-
Neuen
Schindel-hs.
Pyramide (Eiskeller)
Garten
Marmorpalais
Kl. Weinmeister-str.
Beyer-str.
Antenne Brdbg.
Birken-str.
Am
Orangerie
Weißes Hs.
Planetarium
Holl. Etablissement
See
Fachhochsch. Bauwesen
Bornstedter Feld
August-Bonnes-Str.
Barth.-Neum.-Str.
Jakob-v.-Gund-ling-Str.
Engel-str.
Lepsiusstr.
Rich.-Schäfer-Str.
Karen-Jeppe-Str.
Am Schragen
Alexandrowka
Str.
Allee
JÄGER-
VORSTADT
(zu Potsdam)
allee
Ruinenberg-str.
Moritz-v.-Egidy-Str.
1 Am Schragen
Amt f. Soz. u. Versorg.
An der Einsiedelei
weg
695
Reiterweg
DRK-Präsid.
Hel. Lange-Str.
Allee-
S.
Emmaus-Hs.
692
Hebbel-str.
Neuen Gtn
Portiershs.
Braunes Hs.
Villa Kellermann
Treffpunkt Freizeit
1 H.-Thoma-S.
Gotische Bibl.
Voltaire-
Schlegel-
Tieck-str.
Brentano-weg
2 Weinbergstr.
Ulanenweg
Ebert-S.
Eisenhart-
B.-v.-Suttn.-S.
Behlert-
Christ. K.
Luisen-Hs.
Lichtenau
Behler-
Mangerstr.
Landes-bauamt
107

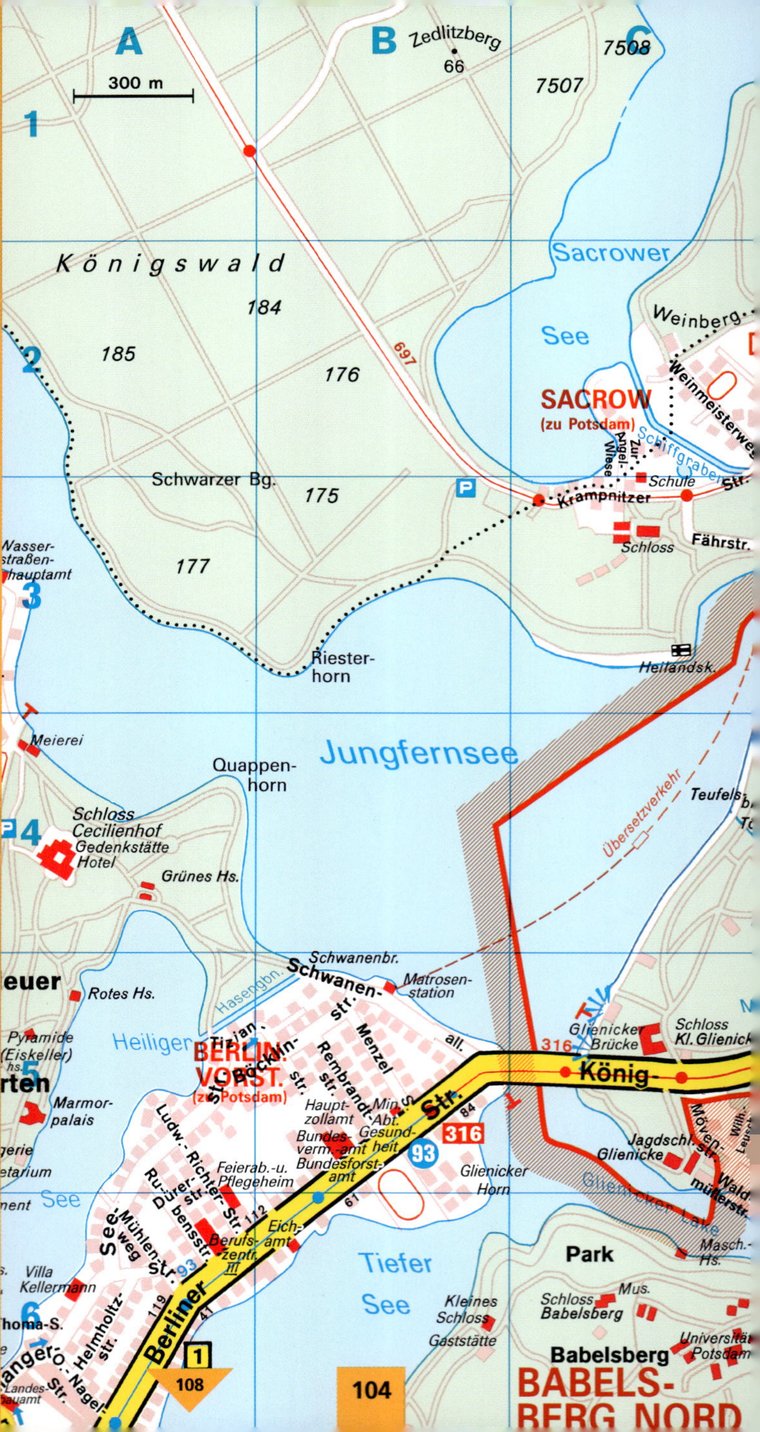

A
B
C
1
2
3
4
5
6
300 m
Zedlitzberg
66
7508
7507
Königswald
184
185
176
697
Sacrower
See
Weinberg
SACROW
(zu Potsdam)
Weinmeisterweg
Schiffgraben
Zur Angel-Wiese
Schule
Krampnitzer Str.
Schwarzer Bg.
175
177
Schloss
Fährstr.
Wasser-straßen-hauptamt
Riester-horn
Heilandsk.
Meierei
Quappen-horn
Jungfernsee
Teufels
Übersetzverkehr
Schloss Cecilienhof Gedenkstätte Hotel
Grünes Hs.
Schwanenbr.
Schwanen-all.
Matrosen-station
Rotes Hs.
Hasengbn.
Pyramide (Eiskeller)
Heiliger See
BERLIN. VORST. (zu Potsdam)
Menzel str.
Rembrandt str.
Böcklin-str.
Tizian-str.
Haupt-zollamt
Min. Abt. Gesundheit
Bundes-verm.-amt
Bundesforst-amt
316
93
84
Glienicker Brücke
Schloss Kl. Glienicke
König-
Möven-str.
Jagdschl. Glienicke
Waldmüllerstr.
Glienicker Lake
Glienicker Horn
Marmor-palais
Ludw.-Richter-Str.
Feierab.-u. Pflegeheim
Dürer-str.
Rubensstr.
Eich-amt
Berufs-zentr.
See-weg
Mühlen-str.
Villa Kellermann
Tiefer See
Kleines Schloss
Gaststätte
Park
Masch.-Hs.
Schloss Babelsberg
Mus.
Universität Potsdam
Babelsberg
BABELS-BERG NORD
Berliner Str.
Helmholtz-str.
O.-Nagel-Str.
Landes-bauamt
Thoma-S.
1
108

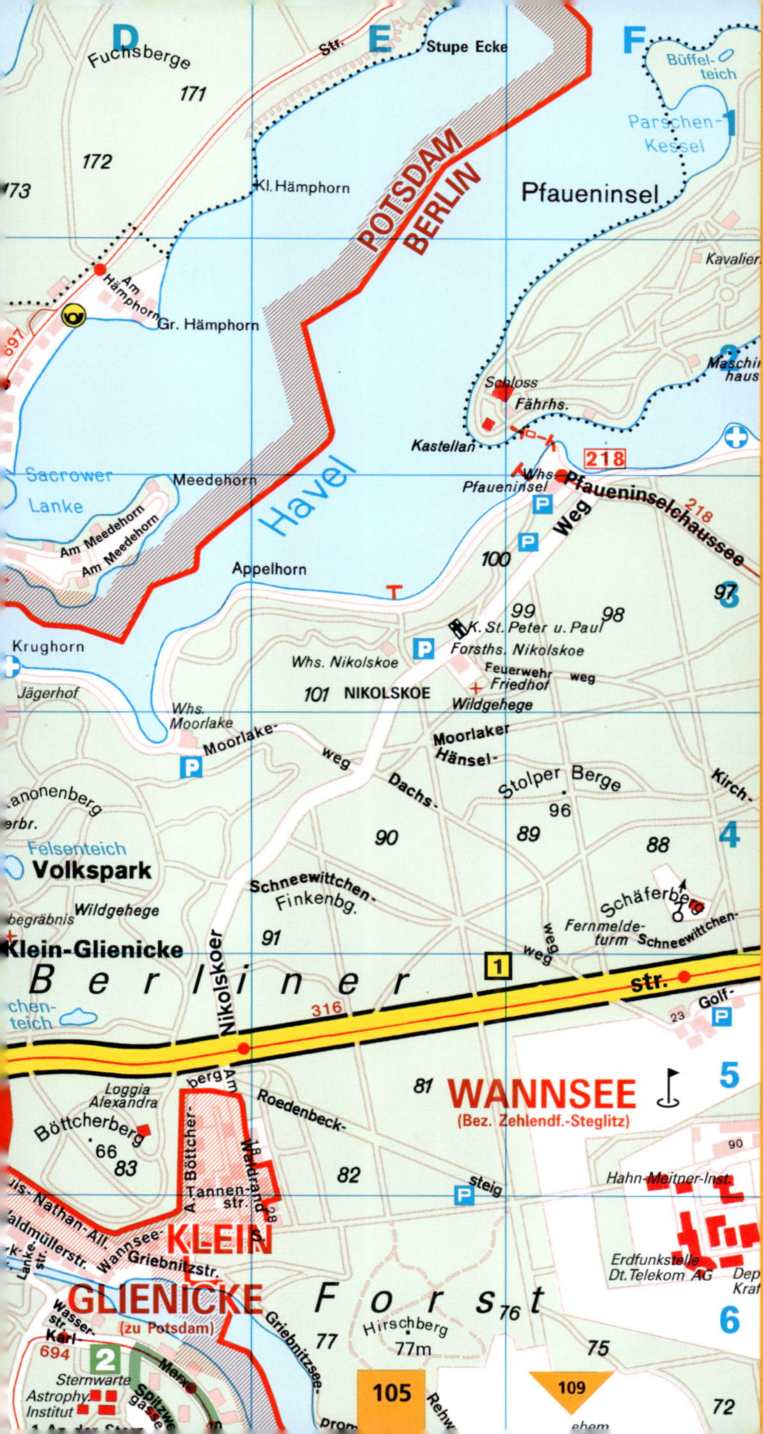
D
E
F
Fuchsberge
Str.
Stupe Ecke
Büffelteich
Parschen-Kessel
1
171
172
173
Kl. Hämphorn
POTSDAM
BERLIN
Pfaueninsel
Kavalier
Am Hämphorn
Gr. Hämphorn
697
2
Maschinenhaus
Schloss
Fährhs.
Kastellan
218
Whs. Pfaueninsel
Pfaueninselchaussee
Sacrower Lanke
Meedehorn
Am Meedehorn
Am Meedehorn
Havel
Weg
100
Appelhorn
97
3
99
98
K. St. Peter u. Paul
Krughorn
Forsths. Nikolskoe
Whs. Nikolskoe
Feuerwehr
weg
Jägerhof
101
NIKOLSKOE
Friedhof
Wildgehege
Whs. Moorlake
Moorlake-
weg
Moorlaker
Hänsel-
Dachs-
Stolper Berge
Kirch-
Kanonenberg
96
89
88
4
90
Felsenteich
Volkspark
Schneewittchen-
Finkenbg.
Schäferberg
Wildgehege
Fernmeldeturm
Schneewittchen-
weg
weg
91
Klein-Glienicke
1
Berliner
str.
Nikolskoer
316
teich
Golf-
23
5
Am
berg
Loggia Alexandra
Roedenbeck-
81
WANNSEE
(Bez. Zehlendf.-Steglitz)
Böttcherberg
66
83
A. Böttcher-
Waldrand
Tannen-
str.
28
82
steig
90
Hahn-Meitner-Inst.
Nathan-All.
Waldmüllerstr.
Lanke-
str.
Wannsee-
KLEIN
Griebnitzstr.
Erdfunkstelle Dt. Telekom AG
GLIENICKE
(zu Potsdam)
Forst
76
6
Wasser-
str.
Karl-
694
2
Hirschberg
77m
77
75
Griebnitzsee-
Marx-
Sternwarte
Astrophys. Institut
Spitzweg-
gasse
105
109
72

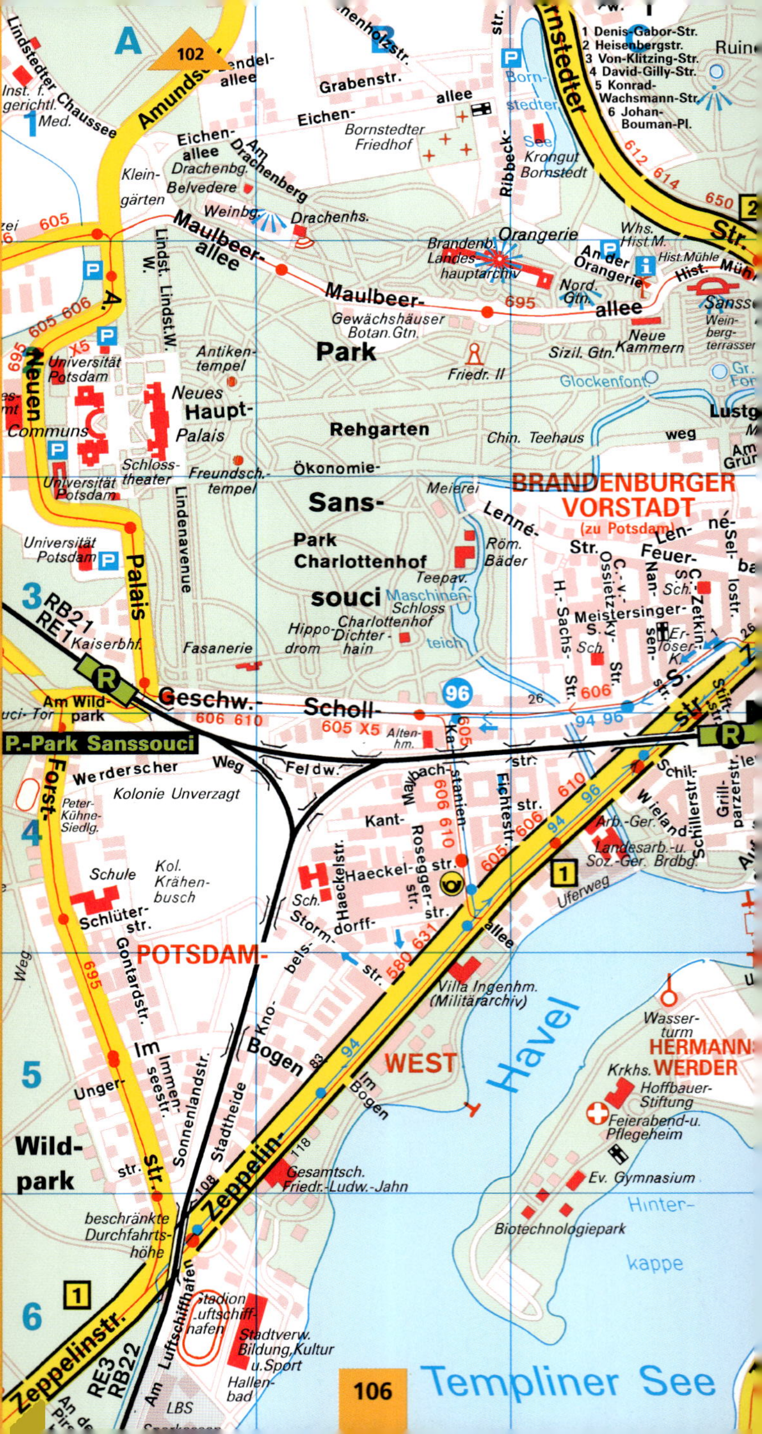

A
B
C
102
106
1
2
3
4
5
6
1 Denis-Gabor-Str.
2 Heisenbergstr.
3 Von-Klitzing-Str.
4 David-Gilly-Str.
5 Konrad-Wachsmann-Str.
6 Johan-Bouman-Pl.
Lindstedter Chaussee
Inst. f. gerichtl. Med.
Amundsen
Lendelallee
Grabenstr.
Eichenallee
Bornstedter Friedhof
Bornstedter See
Krongut Bornstedt
Ribbeck-str.
Eichenallee
Am Drachenberg
Drachenbg. Belvedere
Kleingärten
Weinbg.
Drachenhs.
Maulbeerallee
Orangerie
Brandenb. Landeshauptarchiv
An der Orangerie
Whs. Hist.M.
Hist.Mühle
Nord. Gtn.
Sanssouci
Weinbergterrassen
Neue Kammern
Sizil. Gtn.
Glockenfont.
Gewächshäuser Botan.Gtn.
Park
Friedr. II
Antikentempel
Neues Palais
Rehgarten
Chin. Teehaus
Lustg.
Universität Potsdam
Communs
Schlosstheater
Freundsch.-tempel
Ökonomieweg
Meierei
BRANDENBURGER VORSTADT
(zu Potsdam)
Lennéstr.
Feuerbachstr.
Sanssouci
Park Charlottenhof
Röm. Bäder
Teepav.
Maschinen-Schloss
Charlottenhof
Dichterhain
Hippodrom
Fasanerie
teich
Lindenavenue
Palais
Neuen
RB21
RE1
Kaiserbhf.
Am Wildpark
Sanssouci-Tor
P.-Park Sanssouci
Geschw.-Scholl-str.
Meistersinger-str.
H.-Sachs-Str.
C.-v.-Ossietzky-Str.
C.-Zetkin-Str.
Er-löser-K.
Schillerstr.
Grillparzerstr.
Forst-str.
Werderscher Weg
Kolonie Unverzagt
Peter-Kühne-Siedlg.
Feldw.
Kantstr.
Maybachstr.
Kastanienallee
Fichtestr.
Roseggerstr.
Haeckelstr.
Stormstr.
dorff-str.
Sch.
Schule
Kol. Krähenbusch
Schlüterstr.
Gontardstr.
Arb.-Ger.
Landesarb.-u. Soz.-Ger. Brdbg.
Wielandstr.
Uferweg
POTSDAM-WEST
Villa Ingenhm. (Militärarchiv)
Havel
Wasserturm
HERMANNSWERDER
Krkhs. Hoffbauer-Stiftung
Feierabend-u. Pflegeheim
Ev. Gymnasium
Biotechnologiepark
Hinterkappe
Templiner See
Im Bogen
Knobelsdorff-str.
Immenseestr.
Sonnenlandstr.
Stadtheide
Unger-str.
Wildpark
Weg
Zeppelinstr.
Gesamtsch. Friedr.-Ludw.-Jahn
beschränkte Durchfahrtshöhe
Stadion Luftschiffhafen
Am Luftschiffhafen
Stadtverw. Bildung, Kultur u. Sport
Hallenbad
LBS
RE3
RB22
An der Pirschheide

JÄGER-VORSTADT
(zu Potsdam)
Ruinenberg-str.
Moritz-v.-Egidy-Str.
Amt f. Soz. u. Versorg.
An der Einsiedelei
Voltaire-weg
Weinbergstr.
Brentano-weg
Ulanenweg
Parkstr.
Schlegel-
Tieck-str.
Gregor-Mendel-S.
Mühlenbergw.
Ev. Krkhs.
Fachsch. f. Fin.
Jägertor
Schopenhauer-str.
Hegel-allee
Obelisk
Friedens-K.
Gericht
Allee n. Sanssouci
Gym.
Gutenberg-str.
Brandenburger Str.
Mus. geg. polit. Gewalt
Brand. Tor
Luisen-pl.
Zimmerstr.
Charlotten-str.
Breite Str.
Markt-Center
Wasserwk. Sanssouci
Neustädter Havelbucht
Kiezstr.
Dortustr.
Yorck-str.
Landesamt f. Datenverarbeitung u. Statistik
Militärwaisenhs.
Seelenb.-S.
H.-v.-Tresckow-S.
Min. f. Stadtentw. Wohnen u. Verk.
Min. d. Inneren
Lustgarten
Schloss-str.
Alexandrowka
Russ. Kolonie
Am Schragen
Reiterweg
Allee-S.
Puschkinallee
Birken-str.
Emmaus-Hs.
DRK-Präsid.
Hel.-Lange-Str.
Klinik Sanssouci
Stadtverw.
Einwohnermeldeamt
Amtsgericht
Nauener Tor
Kurfürsten-str.
Fr.-Ebert-S.
Eisenhart-str.
B.-v.-Suttn.-S.
Hebbel-str.
Behlert-str.
Luisen-Hs.
Interclub
Ger. Gym.
Holl. Viertel
Mittelstr.
Benkertstr.
Musiksch.
St. Peter-u.-Paul-K.
Bassin-pl.
Pl. d. Einheit
Am Kanal
Burg-str.
Altes Rathaus
Nikolaik.
Hans-Otto-Theater
Freundschaftsinsel
Alte Fahrt
Neue Fahrt
Lange Br.
Babelsberger Str.
Potsdam-Center
Friedrich-List-Str.
S1 RE
Potsdam-Hbf
ZOB
Holl. Etablissement
See
Portierhs.
Braunes Hs.
Villa Kellermann
Treffpunkt Freizeit
H.-Thoma-S.
Gotische Bibl.
Neuen Gtn.
Ev. Luth. Christ.-K.
Palais Lichtenau
Mangerstr.
Landesbauamt
Ärztehaus
Leiblstr.
DRK Klinikum E. v. Bergm.
Gesundh.-Z.
Franz. K.
Charlotten-str.
Posthofstr.
Berliner Str.
Holzmarktstr.
Pflegehm.
Türkstr.
Fischerstr.
Kl. Fischer-str.
Elteststr.
Inselcafe
602 604 614 619 638 639 643 694 695 901 X5
Untere Planitz
Obere Planitz
Hinzenbg.
RB21 RB22
arlottenhof
Tornowstr.
Wassertankst. Bootsverleih
Küssel
Küsselstr.
Vorderkappe
An der Vorderkappe
Uferweg
Landwirtschaftl. Untersuchungs- u. Forschungsanstalt (LUFA)
Alter Tornow
Leiterstr.
U.-v.-Hutten-S.
Paetowstr.
Paetow-S.
Michendorfer Chaussee
Leipziger Str.
Brauhaus-Str.
Heinrich-Mann-Allee
Max-Planck-S.
Schwimmhalle
Am Havelblick
Landtag
Finkenw.
Einstein-str.
Brauhausberg
Min. f. Umwelt, Naturschutz u. Raumordnung
Alfred Wegener Institut (AW)
TELTOW
Neuer Friedhof
Neuap. K.
Krematorium
Meteor. Observ.
Wissenschaftspark Albert Einstein
Geo-Forschungs-Zentrum
Astrophysik. Institut
Gr. Refraktor
Institut für Klimaforschung
Einsteinturm
Telegrafenberg
TEMPLINER VORSTADT
(zu Potsdam)
Regionalzentrum d. Dt. Wetterdienstes
Instr.-amt
365
360
361
354
300 m
103
107

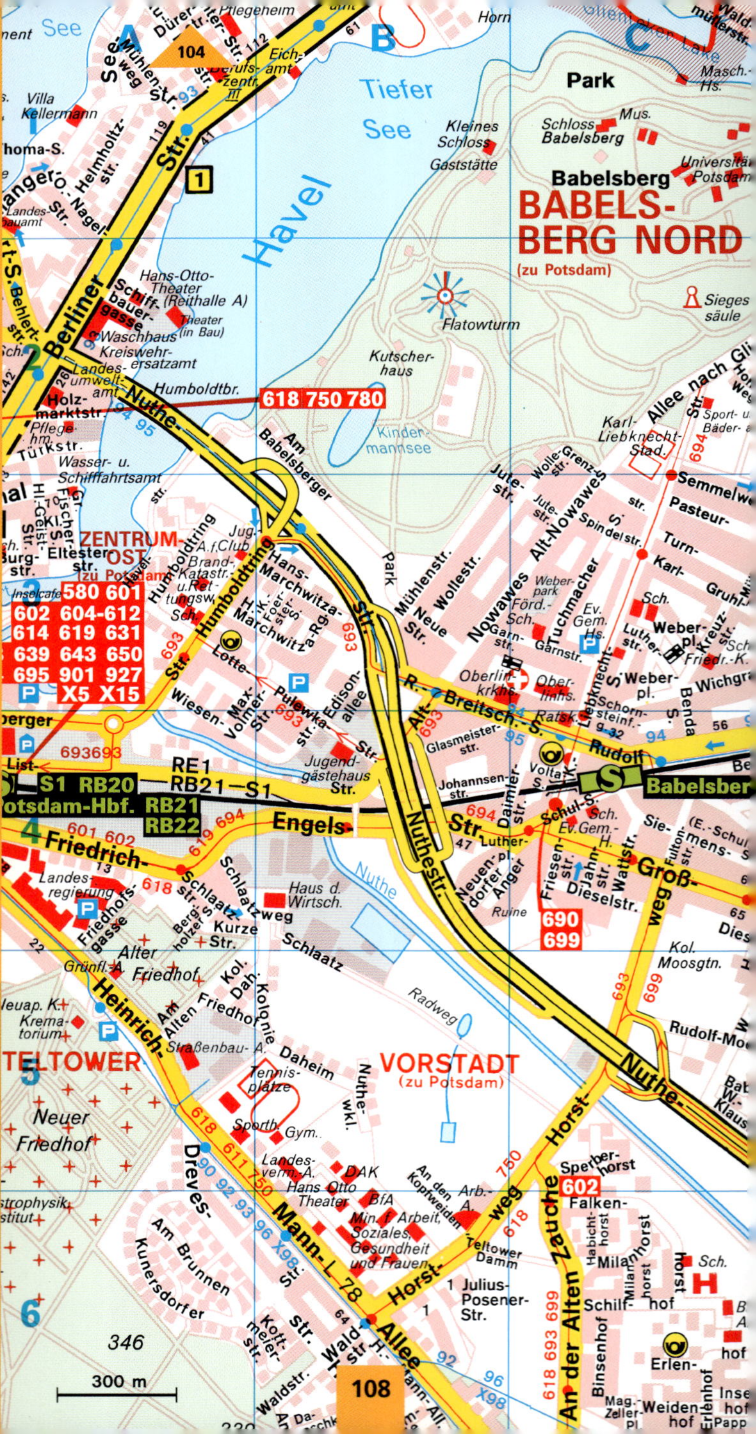

104
Tiefer See
Havel
Park
Schloss Babelsberg
Mus.
Kleines Schloss
Gaststätte
Babelsberg
BABELS-BERG NORD
(zu Potsdam)
Universität Potsdam
Sieges säule
Flatowturm
Kutscher-haus
Kinder-mannsee
Villa Kellermann
Helmholtz-str.
Berliner Str.
Hans-Otto-Theater (Reithalle A)
Theater (in Bau)
Schiffbauergasse
Waschhaus
Kreiswehr-ersatzamt
Landesumweltamt
Humboldtbr.
618 750 780
Holzmarktstr.
Türkstr.
Wasser- u. Schifffahrtsamt
Nuthe-
Am Babelsberger Str.
ZENTRUM-OST
(zu Potsdam)
Humboldtring
Jug.-A.f.Club
Brand.-Katastr.-u.Rettungsw.
Hans-Marchwitza-Ring
580 601
602 604-612
614 619 631
639 643 650
695 901 927
X5 X15
Lotte-Pulewka-Str.
Max-Volmer-Str.
Edisonallee
Wiesen-Str.
Jugendgästehaus
RE1
RB21–S1
S1 RB20
Potsdam-Hbf. RB21
RB22
Engels-Str.
Friedrich-
Landesregierung
Friedhofsgasse
Schlaatzstr.
Schlaatzweg
Kurze Str.
Haus d. Wirtsch.
Schlaatz
Nuthe
Nuthestr.
Mühlenstr.
Wollestr.
Neue Str.
Nowawes
Alt-Nowawes
Jutestr.
Spindelstr.
Tuchmacher
Weberpark
Förd.-Sch.
Garnstr.
Oberlin-krkhs.
Rudolf-Breitsch.-S.
Glasmeisterstr.
Johannsenstr.
Daimlerstr.
Ratsk.
Volta-S.
Babelsberg
Schul-S.
Sch.
Ev.Gem.-H.
Lutherpl.
Neuendorfer Anger
Ruine
Friesenstr.
Jahnstr.
Wattstr.
Dieselstr.
Großweg
690
699
Siemens-S.
Karl-Liebknecht-Stad.
Sport- u. Bäder-
Semmelw.
Pasteur-
Turn-
Karl-
Gruhl-
Weberpl.
Lutherstr.
Wichgra
Kol. Moosgtn.
Rudolf-Mo
Alter Friedhof
Heinrich-Mann-Allee
Am Alten Friedhof
Kolonie Daheim
Straßenbau-A.
Tennisplätze
Sporth.
Gym.
TELTOWER
Neuer Friedhof
VORSTADT
(zu Potsdam)
Radweg
Nuthewkl.
Landesverm.-A.
DAK
Hans Otto Theater
BfA
Min. f. Arbeit, Soziales, Gesundheit und Frauen
An den Kopfweiden
Arb.-A.
Horstweg
Teltower Damm
Julius-Posener-Str.
Sperberhorst
602
Falkenhorst
Habichthorst
Milanhorst
Schilfhof
Binsenhof
Erlenhof
Weidenhof
An der Alten Zauche
Dreves-Str.
Am Brunnen
Kunersdorfer
Kottmeierstr.
Waldstr.
346
300 m
108

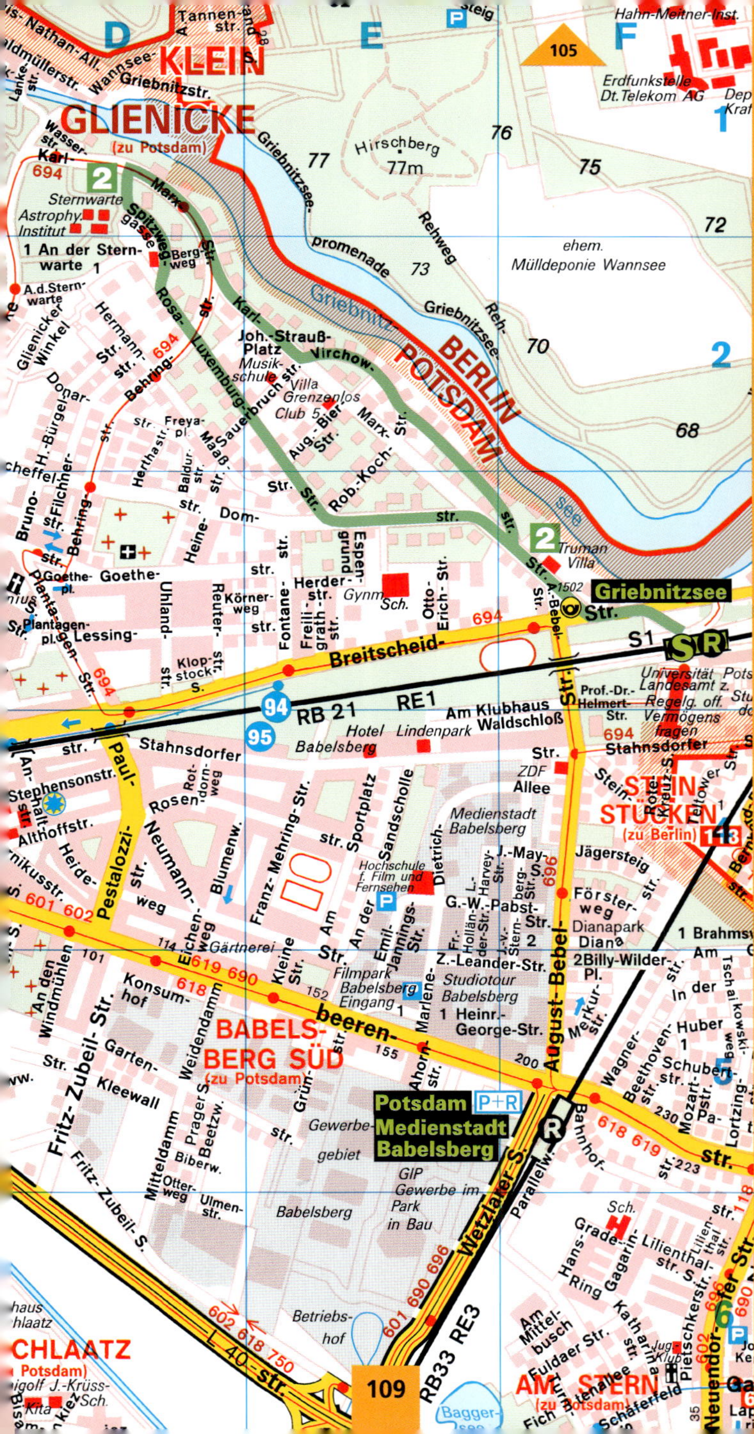
D
E
F
105
KLEIN
GLIENICKE
(zu Potsdam)
Hahn-Meitner-Inst.
Erdfunkstelle
Dt. Telekom AG
1
2
5
6
Hirschberg
77m
77
76
75
72
73
70
68
ehem.
Mülldeponie Wannsee
Griebnitzsee
Griebnitzsee-
promenade
Rehweg
Reh-
BERLIN
POTSDAM
Tannen-
str.
Nathan-All.
Wannsee-
Griebnitzstr.
Wasser-
str.
Karl-
Marx-
Str.
694
Sternwarte
Astrophy.
Institut
1 An der Stern-
warte 1
A.d.Stern-
warte
Spitzweg-
gasse
Berg-
weg
Rosa-
Luxemburg-
Str.
Karl-
Joh.-Strauß-
Platz
Virchow-
Musik-
schule
Villa
Grenzenlos
Club 5
Sauerbruch str.
Aug.-Bier-
Str.
Marx-
Str.
Rob.-Koch-
Str.
Glienicker
Winkel
Hermann-
str.
Behring-
Donar-
str.
H.-Bürgel-
Freya-
pl.
Hertha str.
Maaß-
str.
Baldur-
str.
Scheffel-
Filchner-
str.
Bruno-
Behring-
str.
Dom-
Heine-
str.
Truman
Villa
Espen-
grund
Otto-
Erich-
Str.
Goethe-
pl.
Goethe-
Plantagen-
pl.
Plantagen-
Str.
Lessing-
Uhland-
str.
Reuter-
str.
Körner-
weg
Fontane-
str.
Herder-
str.
Freili-
grath-
str.
Gymn.
Sch.
A.-Bebel-
Str.
1502
Griebnitzsee
S1
Breitscheid-
str.
Klop-
stock-
s.
694
94
95
RB 21
RE1
Hotel
Babelsberg
Lindenpark
Am Klubhaus
Waldschloß
Universität Potsdam
Landesamt z.
Regelg. off.
Vermögens
fragen
Prof.-Dr.-
Helmert-
Str.
Stahnsdorfer
Str.
Paul-
Stahnsdorfer
Str.
ZDF
Allee
STEIN
STÜCKEN
(zu Berlin)
Stephensonstr.
An-
halt-
str.
Althoffstr.
Rot-
dorn-
weg
Rosen-
Neumann-
str.
Heide-
weg
Blumenw.
Franz-Mehring-Str.
Sportplatz
Sandscholle
Dietrich-
Medienstadt
Babelsberg
Hochschule
f. Film und
Fernsehen
J.-May-
S.
G.-W.-Pabst-
Str.
Jägersteig
Förster-
weg
Dianapark
Diana
Teltower
Rote-Kreuz-S.
1 Brahmsw.
2Billy-Wilder-
Pl.
Pestalozzi-
str.
601 602
114
Gärtnerei
Eichen-
weg
Kleine
Str.
Am
Str.
An der
Emil-
Jannings-
Str.
Z.-Leander-Str.
Filmpark
Babelsberg
Eingang
Studiotour
Babelsberg
1 Heinr.-
George-Str.
Marlene-
Str.
Merkur-
str.
Tschaikowski-
weg
Am
In der
Huber
Schubert-
str.
Mozart-
Pa-
Lortzing-
Beethoven-
str.
Wagner-
str.
August-Bebel-
Str.
101
An den
Windmühlen
Konsum-
hof
619 690
618
152
155
200
230
223
beeren-
str.
BABELS-
BERG SÜD
(zu Potsdam)
Fritz-Zubeil-Str.
Garten-
str.
Kleewall
Weidendamm
Prager S.
Beetzw.
Mitteldamm
Biberw.
Otter-
weg
Ulmen-
str.
Grün-
str.
Ahorn-
str.
Potsdam
P+R
Medienstadt
Babelsberg
Gewerbe-
gebiet
GIP
Gewerbe im
Park
in Bau
Babelsberg
Bahnhof-
Parallelw.
Wetzlaer S.
618 619
Fritz-Zubeil-S.
L 40
602 618 750
Betriebs-
hof
601 690 696
RB33 RE3
Bagger-
see
SCHLAATZ
(zu Potsdam)
Kita
Sch.
Hans-
Grade-
Ring
Gagarin-
str.
Lilienthal-
str.
Lilien-
thal-
S.
Am
Mittel-
busch
Fuldaer Str.
Katharina-
str.
Jug.-
Klub
Pietschkerstr.
Neuendorfer Str.
602 696 690
118
AM STERN
(zu Potsdam)
Schäferfeld

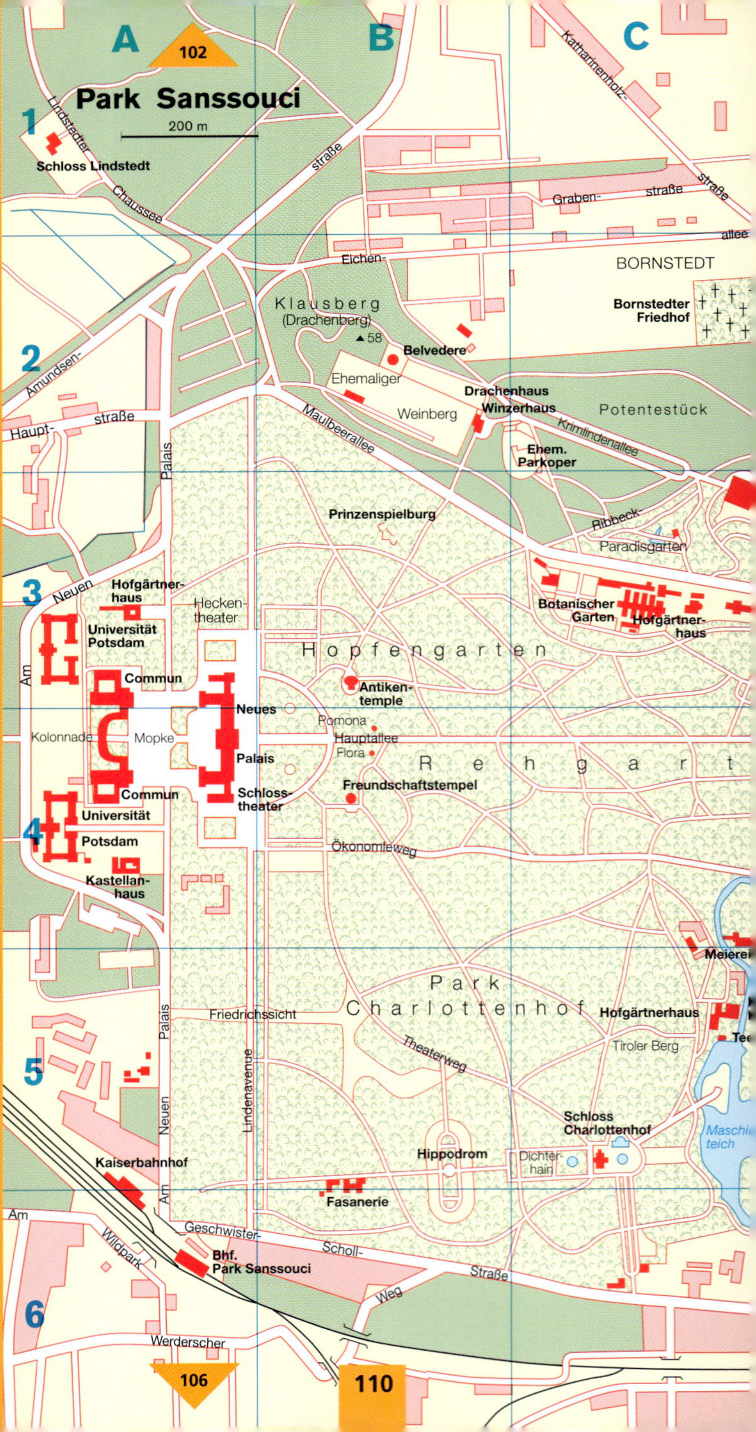
Park Sanssouci
200 m
A
B
C
1
2
3
4
5
6
102
106
Schloss Lindstedt
Lindstedter Chaussee
straße
Katharinenholz-straße
Graben-straße
Eichen-allee
BORNSTEDT
Bornstedter Friedhof
Klausberg (Drachenberg)
58
Belvedere
Ehemaliger Weinberg
Drachenhaus
Winzerhaus
Potentestück
Krimlindenallee
Ehem. Parkoper
Maulbeerallee
Amundsen-straße
Haupt-straße
Palais
Prinzenspielburg
Ribbeck-
Paradisgarten
Am Neuen Palais
Hofgärtner-haus
Hecken-theater
Botanischer Garten
Hofgärtner-haus
Universität Potsdam
Commun
Hopfengarten
Antiken-temple
Neues Palais
Kolonnade
Mopke
Pomona
Hauptallee
Flora
Rehgart
Freundschaftstempel
Commun
Schloss-theater
Universität Potsdam
Ökonomieweg
Kastellan-haus
Meierei
Park Charlottenhof
Friedrichssicht
Hofgärtnerhaus
Tee
Theaterweg
Tiroler Berg
Lindenavenue
Maschinenteich
Schloss Charlottenhof
Hippodrom
Dichter-hain
Kaiserbahnhof
Fasanerie
Geschwister-Scholl-Straße
Wildpark
Bhf. Park Sanssouci
Weg
Werderscher

D
E
F
103
Volkspark Potsdam
1
2
3
4
5
6
Pappel-
allee
Reiher-
weg
Bornstedter
Bornstedter
See
straße
Hofgärtner-
gräber
Krongut
Bornstedt
Ribbeck-
Ruinenberg
Normannischer Turm
74
Ruinenberg-
straße
An der Einsiedelei
Marstall-
koppel
Orangerie
An der
Orangerie
weg
straße
Voltaire-
Park-
Straße
Zur Historischen Mühle
Schloss Sanssouci
Gruft
Friedrich II.
Hundegräber
Kavalier-
haus
Gregor-Mendel-Straße
Hist.
Mühle
Nordischer
Garten
Maulbeerallee
Sizilianischer
Garten
Neue
Kammern
Rosen-
garten
Weinberg-
terrassen
Holländischer
Garten
Bildergalerie
Winzer-
haus
Ehemaliger
Winzerberg
Schopenhauer-
str.
Neptun-
grotte
Lustgarten
Hauptallee
Glocken-
fontäne
Große
Fontäne
Kleine
Fontäne
Obelisk
Hauptallee
Friedens-
haus
Friedensteich
Mausoleum
Fr.-Wilh. I. und Fr. III.
Friedensk.
Gruft Fr.-
Wilhelm IV.
Kavalierhaus
(Schloss Marly)
Marlygarten
Chinesisches
Haus
Ökonomieweg
Villa
Eulenburg
Melonerie
Villa Illaire
Am Grünen Gitter
Ananashaus
Allee nach
Sanssouci
Ökonomieweg
Tee-
küche
Schafgraben
Villa Liegnitz
Marschall-
Keith-Haus
Lennéstraße
Lenné-
straße
Lenné-
straße
Zimmer-
straße
Zimmer-
platz
Feuerbach-
straße
Zeppelinstraße
Markt-
halle
Breite Straße
Dampf-
maschinen-
haus
BRANDENBURGER
VORSTADT
Meistersinger-
straße
Erlöserkirche
Hans-
Sachs-
Straße
Carl-von-Ossietzky-
Straße
Nansen-
Straße
Clara-
Zetkin-
Straße
Sello-
straße
Auf dem
Kiewitt
Neustädter
Havelbucht
Schafgraben
G.-Scholl-Straße
Zeppelinstraße
Bhf.
Charlottenhof
111
107

Quermathen
GROSS BEHNITZ
A
B
C
SCHWANEBECK
Markau
Zeestow
Niederhof
Schlaggraben
Berlin-Spandau
FINKEN
52
Schallberge
Wernitz
51
Steinberge
Röthehof
50
Neugarten
Seeberg
Wustermark
Dyrotz
1
Gohlitz
Niebede
Berlin-Spandau
Elstal
Hoppenrade
WACHOW
TREMMEN
Etzin Gut
61
Stellberg
Deutsche Alleenstr.
ETZIN
Buchow
Karpzow
Priort
56
Hohensberg
60
E10
30
273
Gallberg
60
Dorfstelle
Knoblauch
NEU-FALKENREHDE
FALKENREHDE
Kartzow
2
Fernewerder
Havelkanal
PAAREN
ZACHOW
SATZKORN
47
PARETZHOF
Potsdam-Nord
SCHUMACHER-SIEDLUNG
Gutenpaaren
29
PARETZ
UETZ
34
Roskow
Trebelsee
KETZIN
Sacrow-Paretzer-Kanal
MARQUARDT
Großer
46
Siegbundberg
69
Trebelberg
Ketziner Siedlung
Göttinsee
Schlänitz-see
Schmergow
Havel
28
SCHLÄNITZ-SEE
Götzerberge
Deetz
Göttin
Neu Töplitz
108
3
TÖPLITZ
Leest
GRUBE
Leest
Nattwerder
5,5
PHÖBEN
Götz
Krielow
88
Haakberg
Groß Kreutz
(Havel)
Phöben
GOLM
POTS
64
KEMNITZ
Kolonie Zern
Großer Zern-see
EICHE
Neues Palais
DERWITZ
Großer
Kuhfort
Schenkenberg
PLESSOW
Plessower
Wildpark West
82
51
Groß Kreutz
NEUPLÖTZIN
WERDER
(Havel)
See
E55
Bochow
Schäfereiberg
Geltow
83
4
Galgenberg
Neu Bochow
PLÖTZIN
Erlebnisstr. der deutschen Einheit
GLINDOW
Havel
54
Glindow See
Franzensberg
Göhlsdorf
Elisabethhöhe
62
Netzener See
Damsdorf
PETZOW
Lehnin
Dreieck Werder
Schwielowsee
75
68
BLIESENDORF
71
29
Krähen-B.
78
Bachtenberg
Löcknitz
Schwielowsee
Flottstelle
Kammerode
Neue Scheune
Mittelbusch
Kaltenhausen
Kloster Lehnin
Colpinsee
9
E30
Kemnitzerheide
77
Lienewitz
5
Lehnin
Resau
Glindow
Ferch
126
E11
Alte Dorfstelle
Ferch
12
E55
75
Emstal
Kaniner Luch
Klaistow
Dreieck Potsdam
BUSENDORF
Kanin
Rädel
FICHTENWALDE
Beelitz-Heilstätten
Seddiner See
Busendorfer Heide
86
Rauhe Berge
Borkwalde
BEELITZ HEILSTÄTTEN
Z a u c h e
6
4km
BEELITZ
246

FALKENSEE
FINKENKRUG
SEEGEFELD
Neurohrbeek
Dallgow-Döberitz
Hasenheidenberg
Hahneberg
Champagnerberg
Seeburg
Finkenberg
SPANDAU
NEUSTADT
NEUSTAAKEN
Zitadelle
HASELHORST
SIEMENSSTADT
KLOSTERFELDE
STAAKEN
Ruhleben
WILHELMSTADT
Olympiastadion
Waldbühne
WESTEND
CHARLOTTENBURG
PICHELSDORF
Funkturm
Messe
Stadion
Teufelsberg
BERLIN
Grunewald
GRUNEWALD
Grunewald-Turm
Hüttenweg
Jagdschloss
SCHMARGENDORF
DAHLEM
Museum Dahlem
Botanischer Garten
Berlin-Tegel
Jungfernheide
Heckerdamm
Hohenzollerndamm
Krumme Lanke
Havelberg
GATOW
Erlebnisstr. d. deutschen Einheit
Hohengatow
Luftwaffenmuseum
GROSS GLIENICKE
Groß Glienicker See
Krampnitz
Lehnitzsee
NEU FAHRLAND
Sacrower See
Römerschanze
SACROW
Kirche Peter u. Paul
Pfaueninsel
KLADOW
Schwanenwerder
Großer Wannsee
Spanische Allee
NIKOLASSEE
Museumsdorf Düppel
ZEHLENDORF
LICHTERFELDE
WANNSEE
Schloss Cecilienhof
BORNSTEDT
Schloss Glienicke
KLEIN GLIENICKE
Griebnitzsee
Schloss Babelsberg
Holländisches Viertel
Schloss Sanssouci
ehem. Rathaus
Nikolaikirche
BABELSBERG
STEINSTÜCKEN
Filmpark Babelsberg
Potsdam-Babelsberg
Einsteinturm
SCHLAATZ
STERN
DREWITZ
WALDSTADT
Dreilinden
Kleinmachnow
Teltowkanal
Stahnsdorf
TELTOW
SEEHOF
Schönow
Mühlenberg
RUHLSDORF
Großbeeren
Kienwerder
Güterfelde
Marggraffshof
Neubeeren
Potsdam-Drewitz
Schenkenhorst
Sputendorf
Templiner
Kl. Ravensberg
Gr. Ravensberg
Saugartenberg
Rehbrücke
Bergholz-
Wilhelmshorst
Philippsthal
Saarmund
Nudow
Steinberg
STRUVESHOF
Langerwisch
Nuthetal
AHRENSDORF
Fahlhorst
Michendorf
Dreieck Nuthetal
Ludwigsfelde-Ost
Ludwigsfelde-West
LUDWIGSFELDE
Schieferberg
Siethener See
SIETHEN
Gröben
Kietz
Gröbener See
Jütchendorf
Kleinbeuthen
Großbeuthen
Wildenbruch
Fresdorfer Heide
Backofenberg
Großer Seddiner See
Rauher Berg
Fresdorf
Tremsdorf
Kähnsdorf
Naturpark Nuthe-Nieplitz
Großinsee
Mietgendorf
Stücken
BLANKENSEE
GLAU
SCHLUNKENDORF
Breite
THYROW
Kerzendorf
Nuthegraben
NUNSDORF

Das Register enthält eine Auswahl der im Cityatlas dargestellten Straßen und Plätze

In diesem Register finden Sie alle Sehenswürdigkeiten, Ausflugsziele sowie wichtige Persönlichkeiten. Halbfette Seitenzahlen verweisen auf den Haupteintrag, kursive auf ein Foto.

Schreiben Sie uns!

Liebe Leserin, lieber Leser,

wir setzen alles daran, Ihnen möglichst aktuelle Informationen mit auf die Reise zu geben. Dennoch schleichen sich manchmal Fehler ein – trotz gründlicher Recherche unserer Autoren/innen. Sie haben sicherlich Verständnis, dass der Verlag dafür keine Haftung übernehmen kann. Wir freuen uns aber, wenn Sie uns schreiben.

Senden Sie Ihre Post an die Marco Polo Redaktion, MairDumont, Postfach 31 51, 73751 Ostfildern, marcopolo@mairs.de

Impressum

Titelbild: Blick auf das Neue Palais (H. P. Merten)
Fotos: Autor (47, 60); Babelsberg Studiotours (24); Filmpark Babelsberg: Rother (5 l.); Fotostudio Böttcher (2 u., 8, 10, 17, 22, 35, 37, 48, 53, 55, 56, 81, 88); J. A. Fischer 2 o., 18, 38, 42, 62, 66, 76); R. Freyer (U r., 4, 19, 20, 28, 49, 50, 54, 57, 58, 61, 67, 82, 87, 90, 94); HB-Verlag: Specht (91), Wengel (92); G. Jung (U l., 7, 40); Lade: Andree (71), Flac (32), Koshofer (78); H. Lange (1, 6); Mauritius: Elsen (5 r., 70, 75), Mehlig (15), Otto (29), Rossenbach (16); H. P. Merten (12, 31, 99); H. Schlemmer (84); K. Sucher (U M., 65)

7., aktualisierte Auflage 2005 © MairDumont GmbH & Co. KG, Ostfildern
Herausgeber: Ferdinand Ranft, Chefredakteurin: Marion Zorn
Redaktion: Marlis von Hessert-Fraatz, Bildredaktion: Gabriele Forst
Kartografie Cityatlas: © Falk Verlag, Ostfildern
Gestaltung: red.sign, Stuttgart

Printed in Germany. Gedruckt auf 100% chlorfrei gebleichtem Papier

Bloß nicht!

Was Sie lieber lassen sollten, damit Ihr Besuch in Potsdam und Umgebung nicht getrübt wird

Zu spät kommen
Wenn Sie in den Ferienmonaten erst am späten Nachmittag auf eine Eintrittskarte für das Schloss Sanssouci hoffen, dann haben Sie sicher Pech. Mittags sind oftmals schon alle Karten verkauft, denn aus restauratorischen Gründen ist die tägliche Besucherzahl begrenzt.

Leichtsinnig sein
Bei südlichen bis südwestlichen Winden kann sich der Schwielowsee in ein gefährliches Gewässer verwandeln. Nicht wenige Bootsfahrer hat der plötzlich aufkommende Wellengang schon in Lebensgefahr gebracht.

Den Obstwein unterschätzen
»Bretterknaller« wird der Obstwein aus Werder bei Potsdam bezeichnet, denn er hat einen Alkoholgehalt von 14 Prozent. Böse Erfahrungen musste schon manch einer machen, der den süffigen Sauerkirsch-, Erdbeer-, Schwarze Johannisbeer- oder Apfelwein wie Fruchtsaft in sich hineinschüttete.

Mit dem Auto fahren
Gut beraten ist, wer den Pkw parkt und für den Rest des Tages nicht wieder einsteigt, um seine Nerven zu schonen. Denn für Gäste erscheint die Verkehrsführung oftmals chaotisch. Zum anderen: Zu Fuß oder mit dem Fahrrad sehen Sie vieles, was Ihnen als gestresster Autofahrer entgeht.

Unachtsam sein
In Warenhäusern oder öffentlichen Verkehrsmitteln achtet mittlerweile jeder auf seine Taschen. Wer tut das aber schon am Eingang zum Schloss Sanssouci? Hier glaubt man sich im Kreis von Kunstfreunden und schenkt Geldbörse, Brief- und Handtasche keine Aufmerksamkeit. Taschendiebe haben das mitbekommen und mischen sich als auskunfts- und diskutierfreudige Potsdamkenner unter die Wartenden.

In den Parks herumtoben
Die Rasenflächen in den Parks von Sanssouci, Babelsberg und im Neuen Garten dürfen Sie nicht betreten, denn sie gehören mit zum geschützten Welterbe. Ihr Rad müssen Sie schieben. Verboten sind Inlineskaten, Ballspielen und Musik. Hunde müssen angeleint werden.

Stöckelschuhe tragen
Denken Sie an die Filzpantoffeln, die Sie in Schloss Sanssouci, im Neuen Palais, in den Neuen Kammern, im Marmorpalais und im Orangerieschloss über Ihre Schuhe ziehen müssen; manche Dame mit Pfennigabsätzen kam da schon aus dem Gleichgewicht.